OS 11 MAIORES
LATERAIS
DO FUTEBOL
BRASILEIRO

Consulte nosso catálogo completo e últimos lançamentos
em **www.editoracontexto.com.br**

Fotos:

Paulo Guilherme

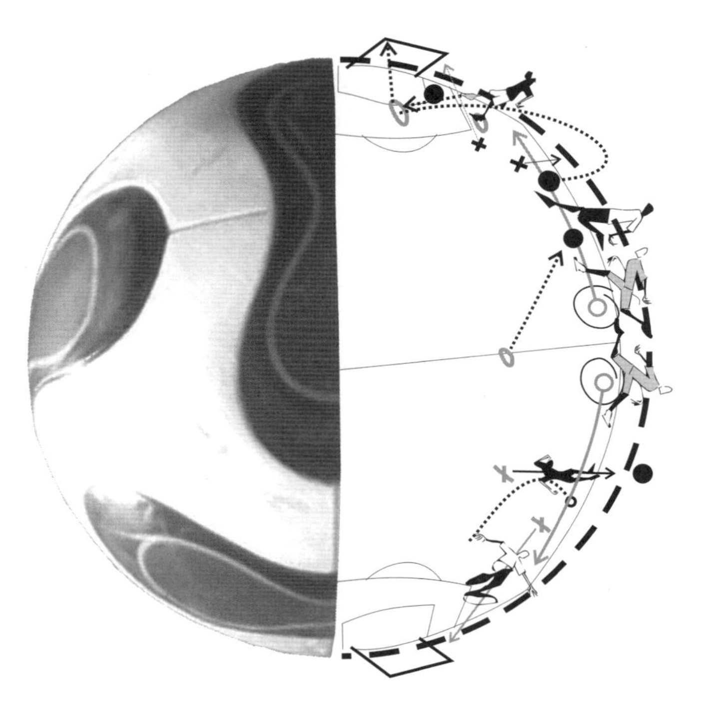

OS 11 MAIORES LATERAIS DO FUTEBOL BRASILEIRO

Capa, projeto gráfico e diagramação
Sergio Kon/A Máquina de Ideias

Preparação de textos
Adriana Teixeira

Revisão
Poliana Magalhães Oliveira

Dados Internacionais de Catalogação na Publicação (CIP)
(Câmara Brasileira do Livro, SP, Brasil)

Guilherme, Paulo
Os 11 maiores laterais do futebol brasileiro / Paulo Guilherme. — São Paulo : Contexto, 2010.

Bibliografia.
ISBN 978-85-7244-465-1

1. Futebol - Brasil - História 2. Jogadores de futebol - Brasil I. Título.

10-00574 CDD-796.33426092

Índices para catálogo sistemático:

1. Brasil : Jogadores de futebol : Esporte
796.33426092

2010

EDITORA CONTEXTO
Diretor editorial
Jaime Pinsky

Rua Dr. José Elias, 520 – Alto da Lapa
05083-030 – São Paulo – SP
PABX: (11) 3832 5838
contexto@editoracontexto.com.br
www.editoracontexto.com.br

À minha mãe Zilma, minha mulher Gorete e minha filha Katarina, sempre.

Ao meu pai Bi, melhor lateral-direito da história do Estoril da Aclimação.

Ao jornalismo, que me permite fazer belos gols com as palavras.

E ao Nilton Santos, por ensinar o Brasil a jogar bola e a viver com dignidade.

Sumário

Apresentação

Sempre tive interesse em saber mais sobre quem vive um pouco à margem dos holofotes do sucesso, como os laterais. Quem se importa com o lateral do seu time? Quem se interessa em saber de um cara que corre para o ataque feito um alucinado e depois tem que voltar no mesmo pique correndo atrás dos adversários? Time bom tem que ter um grande goleiro, um zagueiro vigoroso, um volante capaz de bater até na avó, alguém no meio de campo com habilidade de um craque e um centroavante matador. Lateral? Põe qualquer um, desde que não faça besteiras e acerte os cruzamentos...

Mas não é bem assim. Cada vez mais os laterais se fazem importantes nos esquemas táticos das equipes. A posição é sem dúvida a que mais evoluiu no futebol mundial. De meros marcadores dos pontas adversários, os laterais foram se transformando em homens de todo o terreno, ampliando cada vez mais suas fronteiras dentro dos esquemas táticos traçados pelos treinadores. Viraram alas, assumindo também funções na armação das jogadas. Ajudaram a sacramentar a "morte" dos pontas na tática das equipes. Aproveitaram a evolução da medicina esportiva e dos métodos de preparação física para se tornarem os grandes atletas de um time. Correm sem parar os 90 minutos, batem faltas, escanteios, defendem, chutam e fazem gols.

A posição de lateral evoluiu muito nos últimos cinquenta anos. Tanto que corre o risco de desaparecer. Muitos clubes já abandonaram os laterais natos e improvisam volantes pelas beiradas do campo. Alguns laterais de muita qualidade, como Maicon e Daniel Alves, por exemplo, já não podem ser definidos apenas como alas, são verdadeiros multi-homens dentro de campo.

O destino da posição é incerto. Está cada vez mais difícil encontrar jogadores que acrescentem um pouco de talento ao bom preparo físico para exercer esta função em campo. A maior prova disso é a recente história da seleção brasileira. Durante dez anos Cafu e Roberto

Carlos foram donos absolutos da posição. Nenhum outro jogador apareceu com força suficiente para desbancar a dupla.

Cafu parou de jogar após se tornar o atleta que mais vezes vestiu a camisa verde e amarela. Roberto Carlos segue em atividade. Foi considerado culpado pela torcida por ficar parado ajeitando a meia em vez de ajudar a marcar o ataque adversário na derrota do Brasil para a França na Copa do Mundo de 2006. Nunca mais foi chamado. O técnico Dunga teve quatro anos para encontrar um substituto. Testou vários jogadores. Não apareceu nenhum lateral tão completo quanto Roberto Carlos para defender o Brasil na Copa de 2010 na África do Sul. Ao contrário do que muitos imaginam, não é nada fácil jogar como lateral.

Foi com a intenção de mostrar toda essa evolução que escalei, em parceria com os editores, uma seleção de 11 laterais. Uma tarefa difícil, afinal, teria de condensar em uma única lista os melhores jogadores da lateral direita e os da esquerda.

Na emocionante pesquisa sobre o tema pude deparar com verdadeiros craques da bola. A começar pelos "santos" Nilton e Djalma, a dupla de gênios que ajudou o Brasil a ser campeão do mundo duas vezes, em 1958 e 1962. Carlos Alberto Torres, o eterno capitão do tri, concedeu uma entrevista tocante sobre suas glórias. Nelinho, um dos maiores cobradores de falta que o mundo já viu. Wladimir, que fez do Corinthians a sua seleção. Júnior e Leandro, homens que brilharam no Flamengo e no injustiçado time que o Brasil montou na Copa de 1982. Branco, um dos heróis do tetra. Leonardo, o lateral que virou camisa 10. Cafu e Roberto Carlos, batalhadores, polêmicos, campeões do mundo.

Reconheço que muita gente boa acabou ficando de fora. Marinho Chagas merecia um lugar no time. Jorginho, o lateral-direito do tetra, também. Zé Maria, Mazinho, Rildo, Geraldo Scotto e Josimar foram alguns dos nomes lembrados. Como esta "seleção" seria totalmente brasileira, ficaram de fora laterais estrangeiros que brilharam nos clubes daqui, como o paraguaio Arce, ídolo no Grêmio e no Palmeiras, o uruguaio Pablo Forlán, do São Paulo, e o argentino Sorín, do Cruzeiro.

Como todo homem que escala uma seleção, ser chamado de "burro" faz parte do jogo. Ajudaram muito a experiência de vinte anos de jornalismo esportivo e as conversas com gente que vive intensamente o futebol, bem como as reuniões com Jaime e Luciana Pinsky, da Editora Contexto, que me apresentaram este encantador projeto de uma coleção de livros sobre os melhores jogadores de cada posição.

Mais do que destacar as habilidades e os títulos de cada jogador, a intenção do livro foi mostrar também o lado humano de quem teve de superar as desconfianças para também poder virar protagonista. E resgatar, de certa forma, a história do futebol brasileiro, que no fundo tem tudo a ver com a história de cada um de nós.

É por isso que jogar, escrever, ler ou debater futebol é sempre uma experiência inesquecível.

* * *

Gostaria de fazer alguns agradecimentos. Ao Gabriel Navajas, pela preciosa ajuda na pesquisa. Ao Maurício Noriega, pela indicação, ao Jaime e à Luciana Pinsky, da Editora Contexto, pela oportunidade de participar deste projeto, à Márcia Menezes e ao Renato Franzini, editores do GI.

A produção deste livro não seria possível sem a colaboração de Amarildo Tavares da Silveira, André Amaral, Armelino Donizetti Quagliato (Zetti), Arnaldo Ribeiro, Arthur Antunes Coimbra (Zico), Carlos Alberto Torres, Carlos Castro Borges (Cacá), Cláudio Ibrahim Vaz Leal (Branco), Clodoaldo Tavares Santana, Cosme Rímoli, Daniel Lessa, João Henrique Pugliesi, João Roberto Basílio, José Leandro de Souza Ferreira, José Macia (Pepe), Juca Pacheco, Leandro Canônico, Leovegildo Lins da Gama Júnior, Lúcio Bairral, Luís Augusto Mônaco, Luís Augusto Símon, Manoel Rezende de Mattos Cabral (Nelinho), Márcio Padilha, Marcos Evangelista de Moraes (Cafu), Mário Jorge Lobo Zagallo, Mauro Evangelista de Moraes, Paulo Galvão, Paulo Velasco, Raí Souza Vieira de Oliveira, Raul Guilherme Plassmann, Ricardo Gomes Raymundo, Robson Morelli, Rogério Rezeke, Toni Assis, Wladimir Rodrigues dos Santos, Wilson da Silva Piazza e Zé Gonzalez. A eles o meu profundo agradecimento.

À minha esposa Gorete e à minha filha Katarina, aos meus pais Zilma e José Carlos, aos meus irmãos José Maurício e Luís Fernando Ramos e ao meu sobrinho André, pelo apoio.

Arquivo/Agência O Globo

CAPÍTULO 1

NILTON SANTOS

Técnica, simplicidade
e sabedoria fizeram
de Nilton Santos a
"Enciclopédia do Futebol"
e um exemplo a
ser seguido.

Assim como toda enciclopédia que se preze começa pela letra A, um livro que fala sobre os maiores laterais da história do futebol brasileiro tem obrigatoriamente que apresentar como primeiro verbete o nome de Nilton Santos. Bicampeão mundial com a seleção brasileira, eterno ídolo do Botafogo, um gênio com a bola nos pés, um homem de caráter. Nilton Santos na verdade não é apenas um capítulo, um verbete. Ele é a "Enciclopédia".

Só mesmo um homem que sabe tudo de bola poderia ter a esperteza para perceber a joia rara que apareceu um dia para fazer testes no Botafogo, um jogador de poucas palavras, dribles curtos, raciocínio estranho e pernas tortas. Foi Nilton Santos quem mandou a diretoria do Botafogo contratar Garrincha. "O garoto é um monstro. É melhor ter ele conosco do que contra nós."

Foi Nilton Santos quem desobedeceu à lei de que lateral não passa da linha que divide o campo e se mandou ao ataque para fazer um dos gols do Brasil na estreia da Copa do Mundo de 1958. E também foi Nilton Santos que, com muita malandragem, deu dois passos para fora da área depois de cometer uma falta e evitou que o árbitro marcasse um pênalti contra a seleção na dificílima partida contra a Espanha na campanha do bicampeonato mundial em 1962.

Até os adversários reverenciavam a genialidade de Nilton Santos. O argentino Nestor Rossi, por exemplo, costumava mandar os colegas esfregarem a perna nas pernas do brasileiro. "Ali está o futebol de todos os zagueiros do mundo", justificava.

Pescador de ilusões

Nilton Santos nasceu no dia 16 de maio de 1925, no Rio de Janeiro. Era o primeiro filho de seu Pedro, um pescador,

e dona Josélia, servente de escola. Viviam no bairro de Flecheiras, na Ilha do Governador, perto de onde atualmente fica o aeroporto internacional Tom Jobim, antigamente conhecido como Galeão. Na época, o lugar tranquilo tinha espaço de sobra para os garotos jogarem bola. Nilton logo mostrou a sua habilidade nas brincadeiras com os amigos da Escola Municipal Alberto de Oliveira, onde estudava, e mais tarde com os companheiros do Fumo, o time de garotos do Flecheiras Atlético Clube, que era a sensação da ilha. O uniforme do Fumo era vermelho e preto, já que a maioria dos meninos torcia para o Flamengo.

Entre os seus amigos de pelada estava Leonídio, que seria mais tarde pai do zagueiro Brito, tricampeão mundial em 1970. O time tinha uniforme e chuteiras para os meninos, mas de vez em quando aparecia alguém com uma bola de borracha ou mesmo uma bola de meia. Improvisadas, essas pelotas exigiam muito dos garotos para serem dominadas. Para Nilton Santos, no entanto, não havia segredos.

A vida dele começou a mudar quando entrou para a Aeronáutica, em 1945. Era o ano do fim da Segunda Guerra Mundial, e Nilton Santos logo teve sua fama de craque revelada. Jogava pelo time dos aeronautas e ganhava algumas regalias só concedidas a oficiais e sargentos, como dias de folga.

Ele era o meia-esquerda do time. Seria hoje o camisa 10, o craque, o maestro da Aeronáutica. Gostava de jogar no ataque, bem perto do gol. Logo apareceu uma oportunidade para fazer um teste no Fluminense. Chegou a ir às Laranjeiras, mas recuou, achando ser muito novo para encarar o desafio. Foi sondado pelo São Cristóvão, mas acabou encorajado pelo coronel Honório Magalhães – que veio a ser o seu padrinho no futebol –, a buscar um clube com a grandeza do seu talento.

Com a ajuda de Bento Ribeiro, tio do coronel e diretor do Botafogo, Nilton Santos foi se apresentar em General Severiano. Ali, faria história: foram 20 títulos no total, sendo 4 conquistas estaduais (1948, 1957, 1961 e 1962), 2 títulos do Torneio Rio-São Paulo (1962 e 1964), 729 jogos disputados e 11 gols marcados.

A chegada ao Botafogo

Quando Nilton Santos chegou ao Botafogo, o presidente do clube era Carlito Rocha e a equipe tinha como técnico Zezé Moreira. Ele foi colocado em um time formado por outros jovens aspirantes a jogador. Ninguém passou no teste. Só Nilton Santos. "Você é alto demais para jogar no ataque. Vai para a defesa", sentenciou Zezé Moreira.

Nilton estreou no Botafogo em março de 1948. Ele logo chamou a atenção por sua categoria em um amistoso contra o América-MG, mas na primeira partida oficial seu time levou uma goleada de 4 a 0 do São Cristóvão. A partir do jogo seguinte, um 4 a 2 sobre o Canto do Rio, assumiu a lateral esquerda do time e não saiu mais. Em seu primeiro ano na equipe principal, fez partidas exemplares e ajudou o Botafogo a chegar até a decisão do título contra o Vasco. O time adversário era a base da seleção brasileira que, dois anos depois, seria vice-campeã do mundo com a fatídica derrota para o Uruguai.

O Vasco tinha Barbosa, Augusto, Ely, Danilo, Friaça, Ademir Menezes e Chico, além do técnico Flávio Costa. Era o melhor ataque do campeonato. O Botafogo também tinha um grande treinador, Zezé Moreira, que escalou o time com Osvaldo Baliza, Gérson e Nilton Santos; Rubinho, Ávila e Juvenal; Paraguaio, Geninho, Pirilo, Octávio e Braguinha.

Nilton Santos parou o ataque vascaíno e correu mais do que todo mundo depois que o companheiro Gérson saiu de campo, aos dez minutos do segundo tempo, por contusão, e o time ficou com um jogador a menos [naquela época não se permitia a substituição]. O Botafogo venceu por 3 a 1, foi campeão, e Nilton colocou a primeira estrela na sua galeria de glórias.

Dois meses depois da conquista, ele estreava na seleção brasileira. Disputou a partida em que o Brasil derrotou a Colômbia durante a campanha do título da Copa América de 1949. Nilton seguiu titular do time brasileiro na conquista da Copa Rio Branco, em maio de 1950, às vésperas da Copa do Mundo que seria disputada no Brasil. Naquele torneio, a seleção jogou três vezes contra o Uruguai. Perdeu

na estreia por 4 a 3, no Pacaembu, em São Paulo, e venceu as finais por 3 a 2 e por 1 a 0, em São Januário, no Rio.

Reserva na Copa de 1950

Nilton Santos jogou como lateral-direito, e Noronha, do São Paulo, na lateral esquerda. Na Copa do Mundo, no entanto, o técnico Flávio Costa mudou o time. Augusto, lateral do Vasco, ficou como titular deixando Nilton na reserva. Sua presença no elenco tinha como objetivo justamente fazer sombra para Augusto, forçando o jogador vascaíno a se empenhar nos treinos e nos jogos. O estilo arrojado de Nilton Santos, no fundo, deixava Flávio Costa inseguro. Em sua autobiografia, *Minha bola, minha vida*, lançada em 2000, Nilton diz que Flávio Costa não gostava dele por causa da chuteira. "Sua chuteira tem o bico muito mole para ser de um beque", dizia o treinador. "Beque meu joga com chuteira de bico duro e não dribla."

Noronha saiu após o segundo jogo do Brasil, um empate por 2 a 2 com a Suíça, no Pacaembu. O lateral-esquerdo passou a ser Bigode, jogador do Flamengo. O resto da história é bem conhecido. Na final contra o Uruguai, Bigode levou um baile do atacante Ghiggia, e por ali os uruguaios criaram as duas jogadas que originaram os gols da vitória por 2 a 1 no *Maracanazo*. No primeiro gol, Ghiggia levou a melhor que o lateral e cruzou para o centroavante Schiaffino marcar. No segundo, o rápido ponta-direita uruguaio correu no espaço vazio deixado pelo lateral brasileiro e, quando todos esperavam um novo cruzamento para Schiaffino, Ghiggia chutou direto, com a bola passando entre o goleiro Barbosa [que levou a culpa pela derrota] e a trave.

O troco nos uruguaios

Nilton Santos tornou-se titular da seleção brasileira em 1952, na campanha vitoriosa do Brasil no Pan-Americano disputado no Chile – era a chance de mostrar que deveria ter sido titular no Mundial disputado no país. Teve atuações perfeitas e mostrou todo o seu talento no confronto contra a seleção do Uruguai, no Estádio Nacional de Santiago. Foi o primeiro encontro dos brasileiros com os carrascos do Maracanã. Nilton ficou com a missão de marcar o ponta-direita Ghiggia. Colou no baixinho uruguaio e não deu chances para ele durante os 90 minutos de jogo. O Brasil venceu por 4 a 2 e mostrou que poderia sim ter tido melhor sorte na final de 1950.

Em 1954, Nilton Santos já era titular do Brasil na Copa do Mundo disputada na Suíça. O time tinha craques como o goleiro Castilho, o lateral-direito Djalma Santos, o volante Bauer, o meia Didi e o ponta-direita Julinho Botelho, um dos jogadores mais ariscos que enfrentou. A vontade de vencer a qualquer custo e a falta de organização dos dirigentes acabaram comprometendo a participação brasileira naquele mundial. Didi chegou a fazer greve de fome depois que sua esposa Guiomar foi impedida de entrar na concentração do Brasil. Nilton, sabendo que o protesto faria Didi cair de produção em campo, tratou de levar comida às escondidas para o amigo ter forças para jogar.

Naquela Copa, o Brasil venceu o México e empatou com a Iugoslávia, resultado que classificava as duas seleções para a fase seguinte. Mas os jogadores do Brasil não sabiam disso e ficaram até o final do jogo tentando fazer o gol da vitória, apesar dos gestos dos iugoslavos tentando avisar os adversários para acalmarem a bola, que o 1 a 1 era bom para todo mundo.

Na partida seguinte, contra a Hungria, o Brasil acabou dominado pelos próprios nervos. Nilton Santos foi expulso depois de atropelar o húngaro Bozsik, que dançava à sua frente em uma evidente provocação. A Hungria venceu por 4 a 2 no jogo conhecido como "Batalha de Berna".

Liberdade conquistada

Nilton Santos passou a ser a "Enciclopédia do Futebol" em 1957. O apelido foi dado pelo jornalista Waldir Amaral, encantado com a extrema categoria do lateral. Naquele ano, João

Saldanha foi contratado para ser o técnico do Botafogo. Ele deu total liberdade para Nilton fazer o que tanto queria, ultrapassar a linha do meio-campo e avançar até o ataque.

O Campeonato Carioca de 1957 foi um dos mais equilibrados e emocionantes da história. Os times eram recheados de craques. No Vasco brilhavam Bellini, Orlando, Pinga e Almir Pernambuquinho. O Flamengo tinha Dida, Moacir, Joel e Zagallo. O Fluminense, além de Castilho, Clóvis, Altair e Pinheiro, revelava o lépido Telê Santana. E o Botafogo, naquele ano, montou um timaço com Didi, Quarentinha, Paulo Valentim, Garrincha e, claro, Nilton Santos. No jogo decisivo, Nilton não deu chances a Telê, e o Botafogo goleou o Fluminense por 6 a 2, ficando com a taça.

"Volta, Nilton! Volta!"

Na Copa do Mundo de 1958, na Suécia, Nilton Santos ganhou nos treinos a disputa pela posição com Oreco, jogador do Corinthians. O lateral-esquerdo tinha acumulado em sua experiência o baile que levou do inglês Stanley Matthews, em um jogo contra a Inglaterra, em Wembley, em 1956. Aos 41 anos, Matthews fez Nilton Santos rir quando entrou em campo. O brasileiro debochou do veterano camisa 7. Mal sabia que iria enfrentar um mago dos dribles. Matthews entortou o lateral e a Inglaterra venceu por 4 a 2. Nilton nunca mais esqueceu a lição.

Assim, foi com toda a seriedade que ele pegou a bola e partiu para o ataque durante o jogo de estreia do Brasil naquela Copa do Mundo, contra a Áustria, em Gotemburgo. Vicente Feola, o técnico da seleção brasileira, ficou desesperado ao ver o seu lateral abandonar a defesa e ir ao ataque em desabalada carreira. "Volta, Nilton! Volta!", gritava o treinador. Nilton Santos não deu ouvidos. Passou a bola para Mazzola e correu na área para receber de volta. "Volta, Nilton!". O lateral estava determinado. Diante do goleiro austríaco, tocou com categoria e fez o gol. Feola se rendeu ao talento. "Boa, Nilton! Boa!". O Brasil ganhou por 3 a 0.

Nilton Santos foi um dos líderes do time que se reuniram com a comissão técnica após o empate sem gols com a Inglaterra para discutir mudanças na equipe. Ele comprometeu-se a tomar conta de Garrincha para que o jogador tivesse o mínimo de disciplina tática para poder entrar no time no lugar de Joel. O outro jogador escalado para enfrentar a União Soviética, no terceiro jogo, foi o camisa 10 Pelé, então com 17 anos, que entrou no lugar de Dida. As mudanças deram certo. O Brasil engrenou, passou por País de Gales, França e bateu a Suécia na final por 5 a 2. Pela primeira vez o Brasil foi campeão do mundo. Nilton Santos, a Enciclopédia, se consagrou.

No meio da festa dos jogadores, um momento ficou eternizado em uma foto estampada na revista *O Cruzeiro*. O menino Pelé, de 17 anos, pula nos braços de Nilton Santos emocionado, aos prantos. A Enciclopédia do Futebol via ali nascer um novo rei.

Em meio à volta olímpica com a bandeira do Brasil, sob os aplausos do público sueco, Nilton Santos foi abordado pelo psicanalista João Carvalhaes, que havia dito que Garrincha não tinha condições de jogar por não ter passado pelos testes psicotécnicos por ele preparados. Nilton tinha dito para Garrincha que ganhar a Copa seria fácil. "Difícil é ganhar do Olaria no campo deles", afirmou para o Mané. O doutor Carvalhaes reconheceu que, na prática, sua teoria não servia ao futebol. "Nilton, você tinha razão, ele é tudo isso que você falou e muito mais!", afirmou o médico. Garrincha só praguejou. "Já acabou? Campeonato vagabundo, não tem segundo turno", reclamou o ponta-direita da seleção. Nilton Santos deu risada.

Os anos de ouro

Depois da conquista do primeiro título mundial, Nilton Santos viveu uma época gloriosa no Botafogo. O clube conquistou duas vezes o Campeonato Carioca, em 1961 e 1962, e ainda foi campeão do Torneio Rio-São Paulo em 1962 e 1964 [nesta segunda conquista, o título foi dividido com o Santos porque as duas equipes, as melhores do país na época, foram excursionar pela Europa

Arquivo/Agência O Globo

O gol contra a Áustria em 1958: "Boa, Nilton!".

e não houve data disponível para a realização da segunda partida decisiva].

O time do Botafogo era uma verdadeira seleção. Didi havia voltado após não se dar bem no Real Madrid. Garrincha, Quarentinha, Amarildo e Zagallo se destacavam no time que tinha ainda o lateral-esquerdo Rildo. Nilton Santos passou a jogar como quarto-zagueiro, dando um reforço ainda maior à defesa do alvinegro. O título de 1961 foi inesquecível, conquistado com uma goleada de 3 a 0 sobre o Flamengo. Nilton não jogou essa partida. O Botafogo terminou 12 pontos na frente do rival [naquela época, uma vitória valia dois pontos]. No ano seguinte, nova goleada de 3 a 0 sobre o Flamengo na última rodada, e mais um título estadual para o time de Nilton Santos.

A malandragem que evitou um pênalti

O ano de 1962 foi mesmo especial para Nilton Santos. Ele ganhou tudo o que disputou. Além do Campeonato Carioca e do Torneio Rio-São Paulo, sagrou-se bicampeão do mundo com a seleção brasileira. Para ele, aquela conquista teve um gosto especial. Nilton Santos estava com 37 anos, era o jogador mais velho da seleção e, para os críticos, já não servia mais para defender o Brasil em uma Copa do Mundo. Nilton provou que sua experiência era mais necessária do que nunca.

O Brasil venceu o México na estreia da Copa do Mundo disputada no Chile. No segundo jogo, contra a Tchecoslováquia, Pelé se machucou. Não poderia mais jogar aquela Copa. O reserva Amarildo seria escalado em seu lugar. Mas como substituir Pelé? Nilton Santos entrou em ação. Todas as noites ele ia visitar Amarildo no quarto. Tinha conversas sérias com o colega do Botafogo.

– Amarildo, você foi convocado pelo futebol que joga no Botafogo. Não queira fazer nada além disso. Jogue o que sabe sem pensar no lugar de quem você foi escalado. E ainda tem a vantagem de estar

acostumado a jogar com o Garrincha, Didi e Zagallo. Vai ser fácil para você.

Nilton Santos teve ainda que tomar conta do experiente Didi. No jogo contra a Espanha, Didi estava decidido a se vingar dos espanhóis que debocharam de sua capacidade e o boicotaram quando ele foi jogar no Real Madrid. Nilton logo percebeu que o armador, maestro do time brasileiro, estava com a cabeça em outro lugar.

– Estou de olho em você – disse o lateral para Didi. – Estou com a impressão de que você vai fazer merda. Está pensando no Di Stefano [jogador da seleção da Espanha e do Real Madrid que teria liderado um boicote a Didi no clube merengue]? Pensa mais na gente!

Naquele jogo, o técnico da Espanha escalou um ponta-esquerda chamado Cuellar pelo lado direito, apostando que Nilton Santos não aguentaria correr atrás do menino. Experiente, Nilton mantinha uma distância do adversário. Por ser canhoto, Cuellar teria que parar na linha de fundo e voltar a bola para a perna esquerda. Assim, o brasileiro daria o bote. Ele era uma "Enciclopédia" de recursos. Só que em uma das jogadas, errou a passada e acabou derrubando Cuellar. Nilton Santos ergueu os dois braços, olhou para o chão e viu que tinha feito a falta dentro da área, ou seja, pênalti para a Espanha. Sem que o árbitro percebesse, deu dois passos para a frente e parou além da linha da grande área. O jogo estava 1 a 0 para os espanhóis e um segundo gol praticamente consolidaria a vitória do adversário.

O juiz foi iludido por Nilton Santos e marcou a falta fora da área. O Brasil reagiu e venceu aquele jogo de virada por 2 a 1, dois gols de Amarildo, que definitivamente esqueceu Pelé e jogou o que quis naquela Copa. Sob o comando de outro pupilo de Nilton, o ponta-direita Garrincha, o Brasil superou os adversários seguintes, Inglaterra, Chile e novamente a Tchecoslováquia, e foi bicampeão do mundo. Naquele dia 17 de junho de 1962, no Estádio Nacional, em Santiago, Nilton Santos, o maior lateral-esquerdo que o Brasil já conheceu, fazia a sua última partida com a camisa da seleção.

A despedida

Dois anos depois do bicampeonato no Chile, Nilton Santos anunciou que iria parar de jogar. Tinha 17 anos de dedicação ao futebol, estava cansado da rotina de treinos, concentrações, jogos, viagens e, principalmente, das injustiças. Via com angústia o seu amigo Garrincha ser explorado por dirigentes, médicos e outras pessoas interessadas em faturar com o artista da bola sem lhe dar nada em troca. O próprio Nilton chegava à conclusão de que o amor à camisa, que lhe fez assinar vários contratos em branco só para poder continuar jogando pelo Botafogo, lhe fez perder muito dinheiro.

– Não perdi o encanto pelo futebol, que é o mesmo dos meus tempos de "peladas" na Ilha do Governador. Sairei de um ambiente que já não me agrada, mas levarei as melhores alegrias que vivi com meus companheiros de luta. Sairei de cabeça erguida, como sempre desejei. Saio para que ninguém lembre que eu vou fazer 40 anos – discursou.

Às vésperas do jogo de despedida de Nilton Santos, o jornalista Sandro Moreyra, que acompanhou toda a trajetória do craque, escreveu em um artigo na edição do dia 9 de dezembro de 1964 do *Jornal do Brasil*:

> Pela última vez, domingo, quando o Maracanã estará vivendo um de seus grandes dias, milhares de torcedores lá em cima, um título em jogo lá embaixo, o mais completo jogador de defesa do futebol brasileiro participará de uma partida de campeonato. Pela última vez, 17 anos depois de estrear na equipe principal do Botafogo, então como simples e desconhecido jogador de pelada da Ilha do Governador, Nilton Santos entrará em campo para ganhar dois pontos que, se agora podem dar ao Flamengo o título de campeão, podem também fazer a alegria do velho craque que se despede. Pela última vez, ainda, um jogador cuja única mania foi andar correndo atrás de títulos – ganhando-os todos – e cujo maior amor foi a bola, cumprirá o ritual de vestir a camisa, assinar a súmula, entrar em campo e jogar uma partida oficial. Depois disso, segundo decisão que ele tomou por vontade própria, só tomará parte em amistosos e nas peladas que um dia o viram nascer para a glória do futebol bicampeão do mundo.

O Botafogo ganhou aquela partida por 1 a 0 e tirou a chance do Flamengo ser campeão. O título de 1964 ficou com o Fluminense. Sua despedida em definitivo dos gramados foi no amistoso contra o Bahia três dias depois.

– Sou um cara que só jogou futebol em um clube. Encerrei minha carreira com quatro meniscos, o que prova que tinha bom equilíbrio. Sou muito feliz e tenho a minha consciência tranquila. Quando tenho sono, durmo em cinco minutos. Minha religião é não fazer mal a ninguém e, se puder, ajudar o próximo.

O apoio dos amigos

Nilton Santos ajudou muita gente. Ele seguiu ligado ao futebol depois de parar de jogar. Foi técnico de cinco times: Galícia, Vitória, Bonsucesso, São Paulo (RS) e Taguatinga. Foi diretor de futebol do Botafogo, trabalhou na Adeg (atual Suderj), teve uma loja de materiais esportivos que faliu e passou a treinar crianças carentes em Niterói, na Ilha do Governador, na Favela da Maré, em Uberaba e Brasília.

Em 2007, Nilton foi internado em uma clínica particular no Rio de Janeiro para fazer tratamento contra o Mal de Alzheimer (doença degenerativa do cérebro) e insuficiência cardíaca. Sempre ao lado da segunda esposa, Maria Coeli, e de amigos inseparáveis, como Cacá, lateral-direito do Botafogo nos anos 1960, que o visita todo sábado, Nilton Santos convive com suas belas lembranças do futebol.

Em setembro de 2009, o Botafogo inaugurou uma estátua de 4 m de altura com a imagem de Nilton Santos em frente ao estádio Engenhão, no Rio. Apesar da fama do Brasil em ser um país sem memória, e a estátua ter sido pichada dois meses após a inauguração, o gênio Nilton Santos jamais será esquecido.

ENTREVISTA:
AMARILDO

"Nilton Santos era tão bom que poderia se destacar em qualquer posição."

"Rapaz, é o seguinte: o Pelé está machucado e é você quem vai jogar. Se prepara porque você vai substituir o Pelé nesta Copa do Mundo." Imagine um jogador de apenas 21 anos ouvindo isso do treinador em plena disputa do mais importante campeonato de futebol do mundo. Pois foi isso que Amarildo Tavares da Silveira ouviu de Aymoré Moreira na véspera do jogo contra a Espanha, durante a Copa de 1962, no Chile. Pelé tinha se machucado na partida anterior e estava fora de combate pelo resto do Mundial.

Atrevido, com o apelido de "Possesso", Amarildo era o reserva imediato de Pelé. Tinha talento de sobra para substituir o "Rei". Só precisava ter tranquilidade para não tremer diante do desafio. Foi aí que entrou Nilton Santos. O experiente lateral-esquerdo teve uma conversa que acalmou o garoto e deixou Amarildo pronto para brilhar. "Nilton Santos foi perfeito dentro e fora de campo", destaca Amarildo, que além de brilhar no Botafogo foi ídolo na Itália, onde jogou pelo Milan, Fiorentina e Roma.

Ao lado de Garrincha, Amarildo foi o destaque do Brasil na conquista do título de 1962. Naquele jogo contra a Espanha, por exemplo, ele marcou os gols que definiram a vitória brasileira por 2 a 1, de virada. Na final, contra a Tchecoslováquia, Amarildo fez o primeiro gol, em um chute cruzado, quase sem ângulo, jogando a bola entre o goleiro e a trave. Criou ainda a jogada do segundo gol, cruzando a bola na cabeça de Zito. O Brasil venceu por 3 a 1 e foi bicampeão mundial.

Hoje Amarildo mora no Rio de Janeiro, depois de passar quatro décadas na Itália. Tem um português carregado pelo sotaque italiano,

mas segue mais brasileiro e mais botafoguense do que nunca – como Nilton Santos. Amarildo passou a visitar com frequência o amigo na clínica da Gávea, onde Nilton está internado desde 2007. "Ele foi a referência na minha vida", agradece Amarildo.

O que significou para você jogar ao lado de Nilton Santos?
Foi um sonho. Quando eu cheguei ao Botafogo, em 1958, tinha acabado de sair do Exército. Eu vinha do time de aspirantes do Flamengo e me lembro até hoje quando estava pela primeira vez no vestiário colocando o uniforme e vendo ao meu lado Nilton Santos, Didi e Garrincha. Foi uma coisa maravilhosa. O Nilton, particularmente, era muito famoso, já era a "Enciclopédia do Futebol". E estar ao lado dele era como um colírio para os meus olhos. Nilton Santos foi sempre um ponto de referência na minha vida.

Como ele te recebeu no clube?
Eu era muito novo, tinha só 18 anos, e estava até um pouco assustado por jogar ao lado de tantos craques. Ele me abraçou e disse: "Fica tranquilo que essas cobras aqui não vão te morder". Na época, o Quarentinha era o titular da posição e o Paulo Valentim jogava como centroavante. Pouco depois, o Boca Juniors da Argentina contratou o Paulo Valentim, o Quarentinha passou a jogar mais avançado e eu entrei no meio de campo. Daí virou aquele ataque famoso: Garrincha, Didi, Quarentinha, Amarildo e Zagallo.

Quais eram as habilidades que faziam Nilton Santos se destacar dos outros laterais?
Nilton Santos foi um jogador bastante técnico. Sabia como ninguém dominar a bola, tinha muitos recursos e muita mobilidade. Estava sempre bem equilibrado e poderia sair tanto para a direita quanto para a esquerda para roubar a bola do adversário. Além disso, ele implantou a planificação do lateral por conta própria. Foi o inventor do lateral que também atacava. Isso não existia naquela época. Lateral tinha que marcar o ponta e só. Mas Nilton Santos fazia

Arquivo/Agência O Globo

Amarildo em 1962: apoio de Nilton Santos para substituir Pelé.

muito mais. Quando ele ia ao ataque deixava a defesa adversária sem saber o que fazer. Nenhum lateral estava acostumado a enfrentar um ataque com o lateral-esquerdo e o ponta-esquerda adversário partindo para cima. Fizemos muito disso no Botafogo, o Nilton, eu e o Zagallo. Se pela direita o Garrincha fazia o estrago sozinho, pela esquerda nós três surpreendíamos os rivais.

Qual foi a importância do Nilton Santos na vida do Garrincha?
Podemos dizer que o Nilton Santos foi como um pai ou um irmão mais velho para o Mané. Ele tinha uma atenção toda especial com o Garrincha, do tipo de tomar conta mesmo. Garrincha era totalmente desordenado, esquecia que tinha treino, não sabia contra quem a gente iria jogar, e o Nilton Santos ficava sempre por perto dando cuidados especiais para ele.

Você teve a difícil missão de substituir o Pelé durante a Copa do Mundo de 1962. Como Nilton Santos te ajudou naquele momento?
O Pelé se machucou no jogo contra a Tchecoslováquia e eu me tornei titular na partida seguinte, contra a Espanha. Aquele era o confronto entre as duas melhores seleções do mundo. O jogo ainda valia pela fase de classificação, mas sabíamos que quem ganhasse seria campeão do mundo. Eu tinha 21 anos e sentia que substituir Pelé não seria uma coisa fácil. Foi então que o Nilton Santos me chamou para conversar. Ele me disse: "Amarildo, não se preocupe. Você foi convocado por tudo aquilo que fez no Botafogo. Então pensa que você está no Botafogo e jogue seu jogo. Olha só, o ataque é quase o mesmo do nosso time: tem o Garrincha, o Didi, você e o Zagallo, como no Botafogo, só o Vavá que é de fora. Vai ser fácil".

Pelo visto deu certo, você fez dois gols naquele jogo!
É verdade, mas foi um jogo muito difícil. O Didi, por exemplo, queria ganhar de qualquer maneira para responder aos espanhóis que o boicotaram no Real Madrid. A Espanha fez 1 a 0 e o Nilton Santos fez um pênalti pouco depois. Mas ele teve o reflexo de pular para fora da área. O juiz entrou na onda dele, marcando a falta fora

da grande área. Se a Espanha tivesse marcado aquele gol, não sei qual seria o desfecho daquela partida.

Depois do bicampeonato de 1962, você foi para a Itália, onde tornou-se ídolo no Milan e jogou também na Fiorentina e na Roma. Qual era a imagem de Nilton Santos na Europa?
Nilton Santos era um jogador conhecido no mundo inteiro. Naquela época, o Pelé ainda era jovem, enquanto Nilton Santos e Didi já tinham uma fama muito grande. O Botafogo fazia muitas excursões pela Europa e era sempre recebido com festa por onde passava. Os italianos também sabiam reconhecer o talento do Nilton Santos. Eu joguei ao lado de grandes jogadores, como o Trapattoni, zagueiro do Milan, que ficou famoso pelos confrontos com o Pelé. Mas posso dizer que Nilton Santos era tão bom que poderia se destacar em qualquer posição do campo. A classe dele era enorme.

Apesar de todo o talento e de poder jogar em qualquer clube do mundo, Nilton Santos nunca saiu do Botafogo. Chegou até a assinar contratos em branco. Esse amor ao clube prejudicou a carreira dele?
Acredito que não. O Nilton Santos é o símbolo do amor às cores do Botafogo. Ali ele foi ídolo, passou a vida e foi muito feliz. Sempre dizia que não se sentiria bem vestindo a camisa de outro clube.

Mesmo depois de parar de jogar você continuou morando na Europa e decidiu voltar ao Brasil 40 anos depois. Como foi o reencontro com o Nilton Santos?
Foi emocionante. Eu fui visitá-lo na clínica onde ele está internado em razão do Mal de Alzheimer. O Nilton Santos não me via há mais de 40 anos. Assim que cheguei, ele imediatamente me reconheceu. Passei a visitá-lo sempre que possível. O Cacá, que jogou com a gente no Botafogo, também se tornou uma visita constante, eles são quase como irmãos. Soube que o Botafogo custeia as despesas com a clínica. É o mínimo que o clube pode fazer por tudo o que Nilton Santos representa em sua história. Para mim, Nilton Santos deveria ser o presidente honorário do Botafogo.

Arquivo/Agência O Globo

CAPÍTULO 2

DJALMA SANTOS

Vigoroso, incansável,
sabia marcar um
ponta-esquerda como
ninguém. Até a Fifa
reverencia Djalma Santos
como um dos melhores
laterais-direitos que
o mundo conheceu.

Djalma Santos costuma dizer que se fossem somados todos os minutos de silêncio que ele presenciou antes de começar uma partida de futebol daria mais de uma hora e meia de bico calado. Afinal, ele jogou até os 42 anos de idade, participou de quase duas mil partidas de futebol, sendo 111 pela seleção brasileira, disputou quatro Copas do Mundo e ganhou duas, além de uma série de conquistas pelos clubes em que atuou – Portuguesa de Desportos, Palmeiras e Atlético-PR.

Só pela extensão do currículo, Dejalma dos Santos (seu nome foi registrado com essa grafia), paulistano nascido em 27 de fevereiro de 1929, já poderia aparecer em uma lista dos melhores laterais do futebol brasileiro. Mas Djalma Santos, como ficou conhecido, era bom, tão bom, que foi eleito o melhor lateral-direito da Copa do Mundo de 1958 tendo disputado apenas uma partida, a final contra a Suécia. Era tão bom com os pés quanto com as mãos, capaz de transformar um arremesso lateral em um cruzamento perigoso sobre a área adversária. Era tão bom que, em 2004, ganhou da entidade máxima do futebol o reconhecimento de sua importância para o esporte mundial com um diploma de Honra ao Mérito pela "habilidade, educação esportiva, sociabilidade, retidão e seriedade demonstradas no exercício da profissão, assim como o fato de servir de exemplo aos novos atletas nos cinco continentes".

Djalma Santos começou a carreira quase que simultaneamente a Nilton Santos. Os dois chegaram juntos à seleção brasileira em 1952, jogaram a Copa do Mundo de 1954, na Suíça, e foram bicampeões mundiais – em 1958, na Suécia e 1962, no Chile. Um estrangeiro que não conhecesse os jogadores brasileiros poderia até imaginar, vendo a escalação do time, que Djalma Santos e Nilton Santos eram irmãos. De sangue, seguramente não. Djalma, negro, destro, paulistano, era ainda três anos mais novo que Nilton, branco, canhoto, carioca. Os dois tinham o sobrenome dos Santos. E não seria exagero dizer que ambos podem ser santificados pela história que escreveram no nosso futebol.

Da várzea para a Portuguesa

Djalma Santos queria mesmo era ser piloto de avião. Já o pai, soldado da antiga Força Pública paulista, preferia que ele seguisse a carreira militar. Até que um dia, vendo o filho jogar no Internacional (um clube de várzea do bairro paulistano da Parada Inglesa), convenceu-se de que o destino dele era outro. Djalma Santos havia nascido para ser jogador de futebol.

O jovem já esboçava um fôlego incansável e uma força nos chutes de fora da área nas partidas em campos muitas vezes feitos de terra batida. Os jogos da várzea paulistana nos anos 1940 eram disputadíssimos, e logo o jogador chamou a atenção de Jaguaré, um antigo goleiro do Vasco, Corinthians e da seleção brasileira. Djalma Santos jogava de centromédio, o que hoje seria um volante de contenção. Jaguaré o indicou para a Associação Atlética Portuguesa de Desportos, que tinha sede atrás do Instituto Biológico, no Ibirapuera. Na época, Djalma Santos trabalhava como sapateiro. Ele já tinha feito testes no Ypiranga e no Corinthians, mas acabou não ficando porque os horários de treino eram incompatíveis com o trabalho na sapataria.

Barros, técnico do time amador da Portuguesa, logo colocou Djalma Santos para jogar. Achava que o rapaz tinha as canelas muito finas e poderia se machucar no jogo duro que se via em campo, mas mesmo assim, resolveu arriscar. Djalma Santos entrou em acordo com o dono da sapataria prometendo fazer as horas extras que o futebol lhe impunha. E fez sua estreia com a camisa da Lusa em 9 de agosto de 1948, numa partida de aspirantes, contra o Corinthians. A primeira partida na equipe principal foi em 16 de agosto de 1948, na derrota de 3 a 2 para o Santos. Em pouco tempo, Djalma Santos se tornou titular. Ele não voltou mais a trabalhar como sapateiro.

Um jogador incansável

No dia 1º de janeiro de 1949, Djalma Santos assinou seu primeiro contrato como profissional e passou a fazer parte de um time de respeito: Ivo, Sapólio e Nino; Luizinho e Hélio; Renato, Pinga II, Nininho, Pinga I e Simão. Ele começou como centromédio da equipe, mas no ano seguinte a Portuguesa de Desportos contratou o jogador Brandãozinho, que atuava na Portuguesa Santista e despontava como o grande craque do futebol paulista naquela época. Como o lateral-direito Luizinho estava machucado, Djalma Santos passou a jogar naquela posição. E nunca mais saiu.

Não demorou muito para ele se destacar na posição. Corria os 90 minutos incansavelmente. Era um ótimo marcador, não dava espaços para os avanços dos pontas e ainda surpreendia o adversário quando subia ao ataque. Em 1951, chegou à equipe um jovem atacante que se tornaria grande parceiro de Djalma Santos: o ponta-direita Julinho Botelho. O jogador não havia sido aproveitado pelo Corinthians, tinha ficado seis meses no Juventus antes de mudar novamente de clube. Em pouco tempo, Djalma Santos e Julinho formaram uma das melhores parcerias do futebol brasileiro. A amizade entre os dois se estendeu ainda para a seleção brasileira e para o Palmeiras, onde ambos foram jogar depois.

Com a dupla em campo, a Portuguesa passou a incomodar ainda mais os outros grandes do futebol paulista. O entrosamento entre os dois era tanto que por vezes Djalma Santos e Julinho trocavam de posição para confundir o adversário.

– Assim que o Djalma passava do meio de campo, eu já esperava atrás, para fazer a cobertura. Na ponta ele era tão bom quanto na zaga. Sabia colocar a bola certinha na cabeça do centroavante, entregar no pé de quem estivesse em melhores condições de chutar – revelou Julinho em reportagem publicada no *Jornal da Tarde* em 21 de outubro de 1970.

Em 1952, a Lusa foi campeã do Torneio Rio-São Paulo com uma campanha fantástica. Ganhou do Palmeiras, Corinthians e Botafogo e terminou o torneio empatada em pontos com o Vasco. A decisão foi em duas partidas contra o clube carioca. No primeiro jogo, em São Paulo, a Portuguesa venceu por 4 a 2. E na segunda partida, no Maracanã, garantiu o título com um empate por 1 a 1 contra o time que era a base da seleção brasileira.

A estreia na seleção

A seleção ainda se ressentia da derrota na final da Copa do Mundo de 1950 e precisava começar um trabalho de renovação. O técnico Flávio Costa foi substituído por Zezé Moreira. O Brasil, de ressaca, não fez nenhuma partida em 1951, e só voltou a se reunir em 1952 para a disputa do Campeonato Pan-Americano no Chile. O uniforme branco foi aposentado e a seleção passou a jogar com a camisa amarela. Foi também a chance de trocar quase todo o time do *Maracanazo*. O goleiro Castilho, o zagueiro Pinheiro e o meio-campo Didi, todos do Fluminense, finalmente estrearam com a camisa da seleção brasileira. Nilton Santos, do Botafogo, virou titular da lateral esquerda. E a Portuguesa, time revelação daquele ano, cedeu quatro jogadores: Djalma Santos, Brandãozinho, Pinga I e Julinho.

A estreia de Djalma Santos na seleção brasileira foi em 10 de abril de 1952, um empate de 0 a 0 com o Peru. Ele tinha ficado na reserva de Araty, jogador do Botafogo, na primeira partida daquele torneio. Mas logo o técnico Zezé Moreira se convenceu que Djalma Santos deveria ser o titular. Nos jogos seguintes, o Brasil bateu o Panamá por 5 a 0, venceu o Uruguai por 4 a 2, e derrotou o Chile no campo do adversário por 3 a 0. Djalma Santos e companhia voltavam ao país com o título de campeão pan-americano. Era o início de uma trajetória de conquistas.

A Batalha de Berna

Em 1954, Djalma Santos foi convocado para disputar sua primeira Copa do Mundo. Chegou à Suíça como um dos líderes do time, ao lado de Bauer e Brandãozinho. A primeira partida foi tranquila, com goleada por 5 a 0 sobre o México. No segundo jogo, empate por 1 a 1 com a Iugoslávia, o Brasil já dava indícios de que não era tudo aquilo. Para piorar, a seleção iria enfrentar nas oitavas de final a Hungria, que tinha feito 17 gols em dois jogos e humilhado a Alemanha Ocidental com uma vitória por 8 a 3.

A preparação do Brasil para aquele jogo foi toda errada. Na véspera da partida, o jantar terminou às 19 horas e os dirigentes fizeram uma reunião com os jogadores até às 23 horas. Foram quatro horas de palestra alertando para os perigos que a Hungria oferecia. O craque Ferenc Puskas foi pintado como um "monstro". Toda atenção a ele seria pouca. Os jogadores brasileiros começaram a ficar apreensivos. Teve gente que nem dormiu. Mal sabiam os dirigentes que Puskas sequer iria jogar contra o Brasil.

O jogo Brasil e Hungria pela Copa de 1954 ficou conhecido como a "Batalha de Berna". Diante de quarenta mil torcedores, as duas seleções fizeram um confronto com nervos à flor da pele. Brandãozinho já entrou em campo assustado depois que um húngaro lhe deu um tapinha nas costas antes do jogo começar. O goleiro Castilho começou a partida inseguro, e com sete minutos de jogo a Hungria já fazia dois gols, com Nandor Hidegkuti e Sandor Kocsis. Djalma Santos não acreditava no comportamento de sua equipe.

Quando, aos 18 minutos, o Brasil teve um pênalti a seu favor, o lateral-direito atravessou o campo, pegou a bola e foi cobrar. Sentiu que estava todo mundo tremendo e se escondendo da responsabilidade de fazer a cobrança. Mas Djalma Santos nunca teve medo de cara feia. Com tranquilidade, chutou forte, mandando a bola para um lado e o goleiro Gyula Grosics para o outro. "Quando teve o pênalti pra gente, eu não tinha nada que ter cobrado. O que aconteceu é que ninguém queria bater", revelou Djalma, mais tarde.

O descontrole do time continuou, e o Brasil acabou derrotado por 4 a 2. Nilton Santos, Humberto Tozzi e o húngaro Jenö Buzansky foram expulsos. Os brasileiros se revoltaram com o árbitro inglês Arthur Ellis. A pancadaria continuou após a partida, nos vestiários. Zezé Moreira atirou um sapato na cabeça do ministro húngaro Gusztav Sebes. Os adversários debochavam dos brasileiros cuspindo no chão. Pinheiro levou uma garrafada na cabeça – dizem que foi atirada pelo médico brasileiro Newton Paes, que queria acertar um adversário. O vexame foi completo. A Hungria seguiu em frente, mas acabou derrotada na final daquela Copa do Mundo pelos alemães.

Jogando com raça

A humilhação de 1954 não tirou as forças de Djalma Santos. Ao contrário: à medida que os anos iam se passando, o lateral-direito ficava cada vez mais forte fisicamente e emocionalmente. Em 1955, ele foi mais uma vez importante na campanha da Portuguesa em outra conquista do Torneio Rio-São Paulo. O time derrotou o Palmeiras na final por 2 a 0, gols de Julinho Botelho e Ipojucan, e Djalma foi um dos melhores jogadores da competição.

Pela seleção, Djalma Santos continuava jogando com muita raça. Ele dava o sangue pelo time. Foi o que fez no jogo contra o Uruguai pelo Campeonato Sul-Americano de 1956. Para impedir o gol adversário, jogou seu rosto contra o pé do uruguaio Borges. O Brasil já não tinha chances de ser campeão, mesmo assim, Djalma Santos não se entregava. O jogo foi 0 a 0, graças à bravura do brasileiro.

A consagração na Suécia

Convocado para disputar sua segunda Copa do Mundo, em 1958, Djalma Santos foi surpreendido quando o técnico Vicente Feola optou por deixá-lo de fora da equipe e escalar o lateral-direito De Sordi, do São Paulo, como titular do time. De Sordi jogou as partidas de preparação da seleção naquele ano, tinha sido campeão paulista no ano anterior e dava ao time um padrão mais defensivo do que Djalma.

Com De Sordi no time, o Brasil caminhou até a final daquela Copa do Mundo disputada na Suécia. A seleção brasileira venceu a Áustria, empatou com a Inglaterra, bateu a União Soviética (já com Pelé e Garrincha em campo), derrotou o País de Gales, goleou a França e chegou para decidir o título contra os suecos.

A Suécia tinha um dos melhores jogadores da Europa naquela época, o ponta-esquerda Lennart Skoglund. O jogador loiro era muito habilidoso, tinha atuado ainda jovem por sua seleção na Copa do Mundo de 1950, no Brasil. Jogou tão bem que o São Paulo, na épo-

José Santos/Agência O Globo

Djalma Santos
campeão do mundo
em 1958: melhor
lateral-direito
da Copa.

ca, chegou a oferecer US$ 10 mil ao clube sueco AIK para ficar com Skoglund. Mas ele acabou negociado com a Internazionale de Milão onde se destacou nos jogos pelo Campeonato Italiano. Skoglund era ídolo da torcida e poderia se consagrar como o grande craque da Copa de 1958.

No dia da grande final, De Sordi não aguentou. Disse que seu joelho doía muito e que não teria condições de atuar. As más-línguas afirmaram na época que o jogador "amarelou" diante da missão de marcar o craque da Suécia. Djalma Santos foi chamado pelo psicólogo da seleção, João Carvalhaes, que logo percebeu que o lateral estava pronto para a partida. Os companheiros também deram uma força. "Chegou a sua vez, negão", disse o capitão Bellini antes de o time entrar em campo.

Para quem estava acostumado a marcar pontas habilidosos como Pepe, do Santos, e Canhoteiro, do São Paulo, o duelo contra o sueco Skoglund não preocupava nem um pouco Djalma Santos. Canhoteiro, considerado o "Garrincha da ponta esquerda", costumava brincar com o lateral quando os dois se enfrentavam: "Compadre, uma bola para mim, outra para você". Com Skoglund não teve acordo. O ponta sueco não teve chances diante do vigor físico de Djalma Santos. O lateral brasileiro colocou o rival no bolso. E ainda humilhou os adversários ao fazer no gramado do Estádio Råsunda, em Estocolmo, a sua jogada característica: uma rápida embaixadinha para levantar a bola e lançar na área. Com Djalma Santos o Brasil bateu a Suécia por 5 a 2 e foi campeão do mundo pela primeira vez. A atuação do lateral-direito naquela partida foi tão fantástica que ele foi eleito o melhor lateral-direito daquela Copa.

Contratado pelo Palmeiras

Em 29 de abril de 1959, Djalma Santos disputou a sua última partida pela Portuguesa, em uma vitória por 6 a 3 sobre o Palmeiras, justamente o clube para o qual estava se transferindo após ser contratado por Cr$ 2.700, na época. Os dirigentes da Lusa não queriam liberar o jogador de modo algum, mas Djalma Santos também buscava novos ares depois de ser campeão do mundo. Tinha cumprido com dignidade sua trajetória de dez anos no clube, com dois títulos do Rio-São Paulo e dois prêmios da Fita Azul (1951 e 1953), oferecidos pelo jornal *Gazeta Esportiva* ao time que permanecesse invicto em excursões fora do país na qual fossem disputadas pelo menos dez partidas. Djalma fez 453 partidas com a camisa da Portuguesa, e foi o jogador que mais vezes atuou pelo clube até hoje.

O Palmeiras não ganhava um título importante desde 1951, quando foi campeão do Torneio Rio-São Paulo, e investiu na formação de um verdadeiro esquadrão para virar o jogo. Além de Djalma Santos, o clube contratou o ponta-direito Julinho Botelho, que tinha deixado a Lusa em 1954 para atuar na Fiorentina, da Itália, e o ponta-esquerda Romeiro, do América. Era o início da formação do time que ficaria conhecido como a Primeira Academia do Palestra Itália. O Palmeiras chegou ao final do Campeonato Paulista de 1959 empatado em pontos com o Santos.

A decisão avançou no calendário de 1960 para a realização de três jogos decisivos. Foram dois empates emocionantes (1 a 1 e 2 a 2) até a finalíssima disputada no estádio do Pacaembu. O Santos saiu na frente no placar, com gol de Pelé, mas o Palmeiras virou o jogo, gols de Julinho Botelho e Romeiro. Djalma Santos começava esta nova fase de sua carreira campeão mais uma vez.

Embalado, o Palmeiras conquistou ainda o título da Taça Brasil de 1960, goleando o Fortaleza na decisão por 8 a 2, e ganhou o direito de disputar a Taça Libertadores da América no ano seguinte.

Uma falha e a decepção

Dirigido pelo técnico Oswaldo Brandão, o Palmeiras tinha um timaço. Além de Djalma Santos, Julinho e Romeiro, destacavam-se o goleiro Valdir de Moraes, os zagueiros Waldemar Carabina e Zequinha, e o atacante Chinesinho. A Taça Libertadores era um torneio novo, teve sua primeira edição no ano

anterior. Reunia apenas um clube de cada país sul-americano e os jogos eram no sistema de mata-mata. O Palmeiras eliminou o Independiente da Argentina, e o Independiente Santa Fé, da Colômbia, e chegou à decisão do título contra o Peñarol, do Uruguai, que era então campeão sul-americano de futebol.

O clube alviverde armou uma retranca para conseguir pelo menos um empate no primeiro jogo, em Montevidéu, e ficar com o título. Tudo ia bem até que, a um minuto do fim do jogo, Djalma Santos se viu acuado na defesa e tentou fazer a embaixadinha para atrasar a bola ao goleiro. Acabou, em pleno movimento acrobático, sendo desarmado pelo uruguaio Spencer, que apareceu de surpresa e fez o gol que decretou a vitória do Peñarol por 1 a 0. No segundo jogo, no Pacaembu, houve empate por 1 a 1. Os uruguaios foram campeões da Libertadores de 1961 e Djalma acabou apontado como o vilão da derrota.

Bicampeão mundial

Djalma Santos tinha crédito de sobra e seu prestígio não foi totalmente abalado pela falha. Seguiu como titular da seleção brasileira e foi figura importante na conquista do bicampeonato mundial no Chile, em 1962. Sua experiência foi fundamental para manter o equilíbrio da equipe quando Pelé teve de sair do time após se machucar no segundo jogo do Brasil contra a Tchecoslováquia. Djalma Santos tinha 33 anos e não deu chances a nenhum ponta-esquerda naquela Copa.

O badalado espanhol Francisco Gento, astro do Real Madrid, foi anulado e o Brasil derrotou a Espanha por 2 a 1. No jogo seguinte, Bobby Charlton tentou levar a Inglaterra à vitória por aquele lado e seu deu mal. Chilenos e novamente os tchecos também não tiveram como passar pelo superlateral brasileiro. A defesa brasileira formada por Gilmar, Djalma Santos, Mauro Ramos, Zózimo e Nilton Santos ficou conhecida como "barreira do inferno".

Com Djalma sólido na cobertura, o ponta-direita Garrincha pôde jogar à vontade e ajudar o Brasil a conquistar o título. O último gol brasileiro naquela Copa do Mundo nasceu dos pés de Djalma Santos. No segundo tempo da final contra a Tchecoslováquia, o lateral lançou a bola com o pé esquerdo sobre a área adversária. O goleiro Vilian Schroif foi tentar pegar a bola e acabou momentaneamente cego pela luz do sol. A bola sobrou para Vavá fazer 3 a 1. Brasil bicampeão.

Um ano depois da conquista do bicampeonato a Fifa preparou um jogo histórico para comemorar os 100 anos do futebol. Os melhores jogadores do mundo foram chamados. O argentino Alfredo Di Stefano, o português Eusébio, o goleiro soviético Lev Yashin, o húngaro Ferenc Puskas e o tcheco Josef Masopust integraram o time de craques para o jogo contra a Inglaterra. Do Brasil, a Fifa chamou dois jogadores: Pelé, que estava machucado e não pôde jogar, e Djalma Santos, único brasileiro a atuar entre as maiores estrelas do futebol mundial.

Mais uma Copa e a despedida

Com dois títulos mundiais no currículo, Djalma Santos acabou sendo convocado para disputar sua quarta Copa do Mundo, em 1966, na Inglaterra. Tinha 37 anos e achava que era a hora de dar a chance a jogadores mais novos. O jovem Carlos Alberto Torres despontava como grande craque no Santos, mas acabou sendo cortado da lista final da seleção brasileira. O presidente da CBD, João Havelange, quis levar o maior número de campeões mundiais possível. Além de Djalma Santos, o goleiro Gilmar, o zagueiro Bellini e o ponta-direita Garrincha já não exibiam a mesma forma de outros Mundiais. Para piorar, Pelé foi caçado em campo. O Brasil perdeu para Hungria e Portugal e foi eliminado na primeira fase daquela Copa.

Ainda assim, levou mais dois anos para Djalma Santos deixar a seleção brasileira. No dia 9 de junho de 1968, uma emocionante despedida foi preparada ao grande lateral em um amistoso do Brasil

contra o Uruguai no estádio do Pacaembu. Djalma Santos, então com 39 anos, foi substituído ainda no primeiro tempo por Carlos Alberto Torres. Abraçou o seu sucessor e saiu de campo consagrado. Djalma foi o primeiro jogador a romper a marca de cem partidas pela seleção (fez 111 no total), com quatro Copas disputadas, dois títulos mundiais, outros sete títulos menores e três gols marcados.

Ainda pelo Palmeiras, Djalma Santos ganhou mais dois títulos estaduais, em 1963 e 1966, o Torneio Rio-São Paulo de 1965, e ainda dois importantes títulos nacionais, a Taça Brasil e o Torneio Roberto Gomes Pedrosa, ambos em 1967. O time dirigido por Aymoré Moreira tinha Perez, Djalma Santos, Baldocchi, Minuca e Ferrari; Dudu e Ademir da Guia; Dario, Servílio, César e Tupãzinho. A conquista levou o Palmeiras a mais uma Libertadores – mais uma decepção: nova derrota na final do torneio sul-americano, desta vez para o Estudiantes, da Argentina. Era o fim da Primeira Academia.

Djalma Santos deixou o Palmeiras em 1968. Recebeu um convite para jogar no Atlético-PR, onde já estava o amigo Bellini. Pensou em ficar três meses e pendurar as chuteiras. Ficou três anos. Virou um ídolo no Paraná. O futebol naquele estado ainda permitia que craques com mais de 40 anos pudessem mostrar o seu talento. Djalma foi campeão paranaense em 1970, ano em que o Brasil conquistava o tricampeonato mundial. Disputou seu último jogo em dezembro daquele ano, deu a volta olímpica e se despediu da carreira de jogador após 22 anos de muita dedicação como profissional. Tinha 42 anos de idade.

Após parar de jogar, Djalma Santos iniciou uma carreira como técnico, dirigindo o próprio Atlético-PR. Trabalhou também em clubes do Peru, no Internacional de Bebedouro, Sampaio Correa, União de Mogi das Cruzes e Vitória. Em 2009, recebeu homenagens pelo país por seus 80 anos bem vividos. Djalma Santos segue muito ligado ao futebol, trabalhando em projetos da prefeitura de Uberaba-MG, onde mora, com escolinhas para crianças. Melhor professor, impossível.

ENTREVISTA:
PEPE

"Nunca vi [o Djalma Santos] dar um carrinho. (...) foi um dos melhores laterais que me marcaram."

Jogar contra o Santos da Era Pelé era um pesadelo para qualquer zagueiro. Além de enfrentar a dupla Pelé e Coutinho, tinha ainda que encarar outros jogadores brilhantes como Dorval e Mengálvio, e ainda um ponta-esquerda com vocação para artilheiro: Pepe. Rápido, inteligente e com um chute de pé esquerdo que era um foguete, José Macia, o Pepe, gostava de se livrar dos laterais para soltar o pé em um arremate quase indefensável. Eram as "bombas da alegria". Para impedi-lo, muitos laterais apelavam para as faltas violentas. Mas Pepe gostava de enfrentar como marcador o Djalma Santos. O duelo seria difícil. O lateral era um gênio na marcação. Mas era a certeza de um jogo limpo.

"Djalma Santos foi o meu melhor marcador. Ele e o Carlos Alberto Torres", afirma Pepe, que tem um dos currículos mais recheados do futebol brasileiro, com 93 títulos conquistados pelo Santos e pela seleção brasileira, sendo o segundo maior artilheiro da história do clube da Vila Belmiro, com 405 gols marcados em 750 partidas. Só perde para o Pelé. Mas, como ele mesmo diz, "comparar com o Pelé não vale". Pela seleção brasileira, foram 41 jogos disputados e 22 gols marcados, um desempenho respeitável.

Assim como Djalma Santos, Pepe tem no currículo o bicampeonato mundial conquistado com a seleção em 1958 e 1962. Mas não jogou nenhuma partida daquelas Copas do Mundo. Machucou-se às vésperas da estreia do Brasil no Mundial da Suécia, em 1958, quando foi atingi-

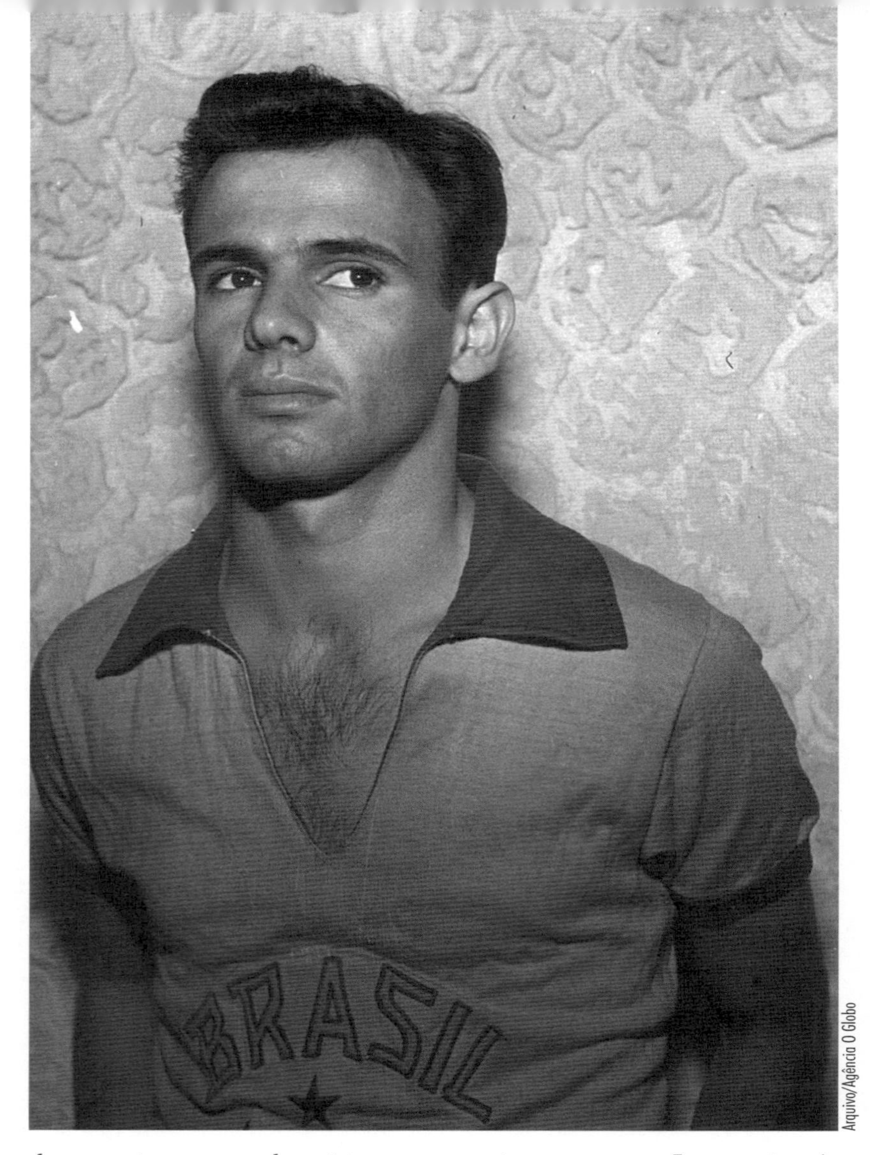

Arquivo/Agência O Globo

Pepe: duelos acirrados com Djalma Santos.

do por trás por um adversário em um amistoso contra a Internazionale de Milão. Só conseguiu se recuperar quando o Brasil já estava na semifinal da Copa. Zagallo se tornou o titular e não saiu mais do time.

Em 1962, no Chile, Pepe também não jogou. Tinha machucado o joelho. Zagallo novamente foi o titular na conquista do bicampeonato. A alegria do ponta-esquerda foi consagrada jogando com a camisa do Santos. Pepe foi bicampeão mundial e da Libertadores em 1962 e 1963. Teve uma participação decisiva na campanha do título de 1963, quando fez dois gols na decisão contra o Milan, no Maracanã. Duas bombas indefensáveis. Deixá-lo chutar era suicídio. Djalma Santos sabia disso.

Como você classifica o futebol de Djalma Santos?
O Djalma Santos foi um dos melhores laterais que me marcaram. Além dele, o Carlos Alberto Torres foi um grande marcador que enfrentei ao longo da minha carreira. Mas o Carlos Alberto tinha um estilo diferente, gostava mais de apoiar e até deixava mais espaço para eu jogar. Já o Djalma era um jogador mais dedicado à marcação. Era um lateral muito leal. Travamos grandes duelos em campo nos jogos em que o Santos enfrentava a Portuguesa e, posteriormente, o Palmeiras. Nas vésperas dos clássicos, os jornais estampavam as nossas fotos na capa para mostrar como o duelo seria analisado. Djalma Santos contra Pepe. Éramos jogadores da seleção brasileira e esse confronto particular ajudava a promover ainda mais o espetáculo.

Você se lembra quando foi seu primeiro contato com o Djalma Santos?
Eu fiz a minha estreia na seleção brasileira em um jogo contra a Argentina pela Taça Atlântico em 1956, em Buenos Aires. Tinha 21 anos e aquele para mim era um momento muito especial. Eu pensava: "Meu Deus, estou jogando ao lado do Djalma Santos". Ele já tinha disputado a Copa do Mundo de 1954 e era um dos grandes jogadores do Brasil. Também tinha outros craques que seriam campeões mundiais em 1958, como o Gilmar, o Zózimo, o Nilton Santos e o Didi. Todos eles, inclusive o Djalma Santos, me passaram muita confiança. Aquele jogo contra os argentinos terminou 0 a 0.

Como eram os duelos entre você e o Djalma Santos?
Djalma é um grande amigo. Ele nunca apelou nos jogos em que me enfrentou. Sempre jogou com muita disciplina. Não era violento e ia sempre na bola. Djalma Santos tinha um estilo de marcação diferente da maioria dos jogadores. Não era aquele lateral "carrapato", que jogava colado no ponta, fungando no pescoço do atacante. Pelo contrário, ele sempre procurava manter uma certa distância do adversário e ficava esperto para o momento certo de poder roubar a bola. Na época havia laterais como o De Sordi e o

Paulinho de Almeida, que "chegavam junto". Mas o Djalma Santos eu nunca vi dar um carrinho.

Djalma Santos diz que quando enfrentava o Canhoteiro (ponta-esquerda do São Paulo) era uma bola para cada um. E contra você, quem levava a melhor?
O Canhoteiro era uma figura, era um verdadeiro artista, driblador, irreverente, um sujeito sensacional. Meu estilo era um pouco diferente em relação ao dele. Eu era mais artilheiro. Gostava de partir para cima do adversário sempre com a possibilidade de finalizar. Djalma sempre foi muito engraçado. Como a gente também se encontrava na seleção brasileira, sempre tinha o que conversar quando a bola não estava por ali. Se você é marcado por um lateral desconhecido que só sabe bater acaba não tendo contato durante o jogo. Mas com o Djalma Santos era diferente.

Você se lembra de algum jogo marcante em que enfrentou o Djalma Santos?
Teve um jogo, Santos contra Portuguesa, em 1955, no qual o Djalma Santos me marcou muito bem. Eu tinha 20 anos e nesse dia ele tomou conta de mim. A Lusa ganhou de 8 a 0. Anos mais tarde, quando ele já tinha mudado de clube, teve um Santos e Palmeiras na Vila Belmiro em que ganhamos de 7 a 3. Foi em 1959. Eu fiz dois gols naquela partida. Enfim, houve muita alternância de quem levava a melhor, mas os duelos eram sempre com muita esportividade.

Na Copa do Mundo de 1958 você não pôde jogar por ter se machucado às vésperas do Mundial. O Djalma Santos também assistiu à Copa inteira na reserva do De Sordi e entrou apenas no jogo final contra a Suécia. Como os jogadores ficaram sabendo que ele iria atuar?
A gente não tinha acesso às reuniões da Comissão Técnica. Ninguém chegou até nós para nos comunicar que o De Sordi não iria jogar a final. Naquela época não tinha substituição durante a partida, então nós, os reservas, tivemos de ver o jogo decisivo das tribunas do

estádio. Ficamos surpresos ao ver o Djalma Santos em campo. Só então viemos saber que o De Sordi estava doente. Pelo menos foi a informação que nos foi passada. E naquele jogo o Djalma Santos jogou tão bem que acabou sendo eleito para a seleção da Copa do Mundo como o melhor lateral-direito do Mundial.

Como você analisa a atuação de Djalma Santos na Copa do Mundo de 1962?
Ele estava com 33 anos e teve pulmão para correr em todas as partidas daquela Copa. Na verdade, para o Djalma Santos tanto fazia jogar contra o Real Madrid ou contra uma equipe da quarta divisão. A disposição dele era a mesma. Jogava sempre com muita seriedade.

Como era o entrosamento dele com o Garrincha pelo lado direito do ataque da seleção?
A ordem tanto do Feola [Vicente Feola, técnico do Brasil em 1958] quanto do Aymoré [Aymoré Moreira, técnico em 1962] era de deixar o campo livre para o Garrincha poder jogar. O Mané não gostava muito de lateral que ia ao ataque e acabava ocupando o seu espaço. Por isso, o Djalma Santos quase nunca passava do meio de campo. Ele cuidava de fechar bem a defesa pelo lado direito, roubar a bola e entregá-la para o Didi armar o jogo. O resto era só deixar o Garrincha livre para ele fazer o estrago na defesa adversária.

Quais as principais semelhanças e diferenças entre os dois laterais do Brasil, Djalma Santos e Nilton Santos?
Os dois “santos” eram tão bons na marcação que, ao final de suas carreiras, foram aproveitados como zagueiros de área. O Nilton Santos costumava jogar mais para dentro, e tinha muita técnica. O Djalma Santos era mais forte, tinha mais arrancada, e ainda surpreendia os adversários com aquela cobrança de lateral na qual jogava a bola dentro da área do outro time. Ele colocava a bola onde queria. Era danado, porque na malandragem jogava a bola com uma mão só, mas o árbitro não via.

Arquivo/Agência O Globo

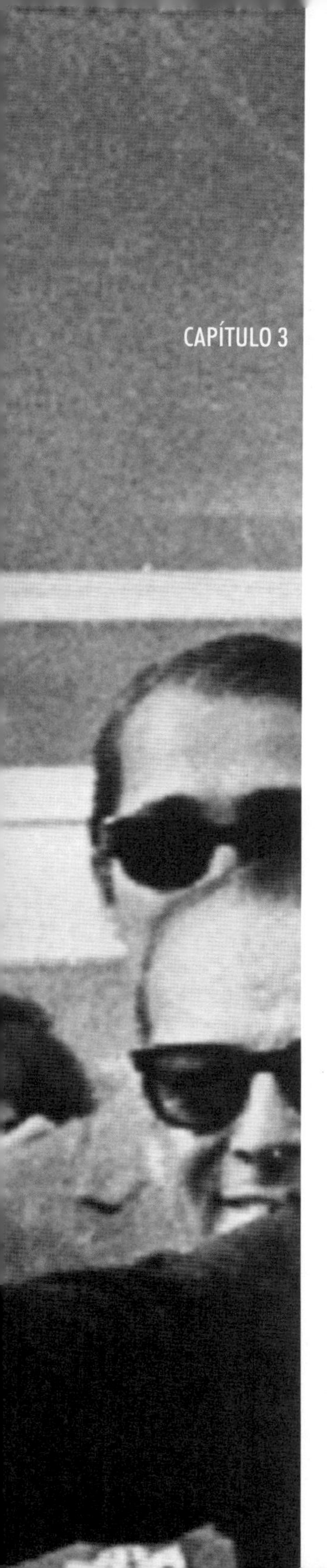

CAPÍTULO 3

CARLOS ALBERTO TORRES

Líder dentro
e fora de campo,
Carlos Alberto Torres
é até hoje chamado
de "Capitão" pela
conquista do tri.

Capitão de um time de futebol não é só o homem que vai tirar na moedinha que time escolhe o lado do campo e que time dá o pontapé inicial na partida. Não é apenas aquele que veste a faixa no braço esquerdo para ser o representante do time nas conversas com o árbitro ou os adversários. Capitão é tudo isso e muito mais: é quase um treinador dentro de campo, é o termômetro do time, deve saber a hora de gritar com os companheiros, impor o respeito diante do adversário, chegar junto quando o jogo pega fogo ou apaziguar os ânimos quando a coisa começa a ficar fora de controle.

De inúmeros jogadores que já vestiram a camisa da seleção brasileira, apenas cinco tiveram a honra de, como capitão do time, levantar a taça de campeão de uma Copa do Mundo. Mas, de todos eles – Bellini em 1958, Mauro Ramos em 1962, Carlos Alberto em 1970, Dunga em 1994 e Cafu em 2002 –, apenas um fez do ofício de capitão a sua marca registrada. Carlos Alberto Torres até hoje é chamado de "Capitão". Ou, para os mais íntimos, o "Capita".

– Até hoje ninguém me chama pelo meu nome. Até estranho quando vem alguém e diz: "Fala, Carlos Alberto!". Até os jovens que encontro dizem "Ô, Capita!". É muito legal. É uma prova de que em minha trajetória esta liderança ficou marcada. Alguns dizem até que fui o maior dos capitães.

Carlos Alberto Torres jogou como lateral-direito e depois como zagueiro. Não foi apenas o lateral do tricampeonato mundial – defendeu a seleção brasileira principal de 1964 a 1977, com 69 jogos, 54 vitórias, 6 empates e 9 derrotas, tendo marcado nove gols com a camisa verde e amarela. Ganhou também a Copa Rio Branco (1968) e o Pan-Americano de 1963, pela seleção olímpica.

No Brasil, o capitão foi ídolo no Fluminense, Santos, Botafogo e Flamengo, e astro do Cosmos de Nova York, nos Estados Unidos. Tem, em sua coleção, cinco títulos paulistas com o Santos (1965, 1967,

1968, 1969 e 1973), dois cariocas com o Fluminense (1964 e 1976) e três conquistas norte-americanas pelo Cosmos (1978, 1980 e 1982). Além de dois importantes títulos nacionais, a Taça Brasil de 1965 e o Torneio Roberto Gomes Pedrosa de 1968, ambos pelo Santos.

Um lateral protagonista

Em sua trajetória, Carlos Alberto Torres inverteu na bola, e também no grito, os papéis entre laterais e pontas a que o futebol assistia nos anos 1960. Não aceitou ser coadjuvante das imagens de pontas dribladores que humilhavam seus adversários, como fez Mané Garrincha com aqueles que ele chamava de "João". Carlos Alberto conseguiu ser respeitado como marcador, com um vigor físico impressionante, e como líder de todas as equipes que defendeu.

Carlos Alberto não era de correr atrás dos pontas. Com 1,80 m de altura, preferia se posicionar em um local estratégico do campo para tomar a bola dos atacantes sem fazer cerimônia. Não era um lateral artilheiro, mas fazia os seus golzinhos – e seus golaços, como aquele contra a Itália na Copa de 1970. E sabia como ninguém arrumar a defesa.

– Em campo, a gente tem que gritar. Principalmente quem fica lá atrás e vê melhor o jogo. Se o ataque não volta, eu grito para que alguém ajude a defesa. E reclamo. Se não fizer isso, a defesa fica sem pai nem mãe e a vaca vai para o brejo – argumentava em sua época de jogador.

O golaço do tricampeonato

Em sua casa, no Rio de Janeiro, Carlos Alberto guarda dois troféus que recebeu como prêmio de autor do gol mais bonito de todas as Copas. Não são títulos de entidades oficiais, como a Fifa, e essa coisa de "o mais bonito de todos os tempos" só serve para ser contestada nas discussões em mesas de bar. Sim, desde a primeira edição em 1930, a história da Copa do Mundo registra um monte de golaços. Muita gente pode dizer que o gol de Maradona contra a Inglaterra em 1986, driblando meio time adversário antes de mandar a bola para a rede, pode ter sido mais bonito. Mas o de Carlos Alberto Torres, em 1970, fulminando o goleiro italiano Albertosi, merecia não apenas um, mas vários prêmios para todos que participaram da obra. Ao contrário do gol de Maradona, que se distingue pela individualidade, aquele marcado por Carlos Alberto é a expressão pura do futebol como um esporte coletivo, do entrosamento de um time, do "football association".

A jogada começa na lateral esquerda da defesa brasileira. Tostão rouba a bola de um adversário e a entrega ao zagueiro Wilson Piazza. Este toca para Clodoaldo, que estava um pouco mais à frente. A bola rapidamente passa de pé em pé: de Clodoaldo para Pelé, de Pelé para Gérson, de Gérson para Clodoaldo.

– A Itália marcava sempre homem a homem. Sabíamos que dava para abrir espaço na defesa puxando a marcação italiana para um dos lados do campo. Quando o Clodoaldo recebeu a bola na cabeça da área, eu estava ali perto, no campo de defesa – relembra Carlos Alberto Torres em uma descrição que ele nunca cansa de repetir.

Clodoaldo começa então o show. Em uma fração de segundo ele dribla quatro italianos de uma só vez só com a ginga de corpo [só para registro, as "vítimas" foram, pela ordem, Rivera, Domenghini, Mazzola e Juliano]. O volante brasileiro entrega em seguida a bola para Rivellino, parado na linha lateral de campo, ainda no território de defesa do Brasil. A seleção já vencia por 3 a 1, de virada, com gols de Pelé, Gérson e Jairzinho (Bonisegna fez para a Itália), faltavam três minutos para o jogo acabar e o tricampeonato já estava no papo. O bolo da festa estava pronto. Só faltava colocar a cereja.

"Quando o Rivellino avançou para lançar a bola para o Jairzinho na ponta esquerda, comecei a avançar para o ataque, mas sem muita pressa", relata o capitão. O atacante girou o corpo e colocou a bola à sua frente, avançando sobre o marcador. Jairzinho deu um leve corte para o lado direito, deu mais um toque na bola e, percebendo a aproximação de um zagueiro, rolou a bola para Pelé.

O camisa 10 parou a bola com o pé direito, esperou o zagueiro se aproximar, ajeitou com o pé esquerdo preparando a sentença final de

sua genialidade: um passe preciso, no tempo certo, para o homem que surgia de surpresa pelo lado direito. A bola rolou no gramado do Estádio Azteca e, caprichosa, ainda quicou levemente em uma saliência do campo, o suficiente para alcançar a altura do peito do pé direito de Carlos Alberto Torres antes de voar como um foguete para estufar as redes da Itália.

– A jogada saiu como tínhamos imaginado. Prestei atenção que toda a defesa da Itália foi para um lado e deixou espaço livre pela direita para eu aparecer. Cheguei na passada certa para aproveitar o passe do Pelé. O chute saiu forte, seco. Foi um golaço!

Para quem lê o relato da jogada, para quem descreve o gol, e até para quem nasceu bem depois de 1970 e pode ver o lance nos sites gratuitos de vídeo na internet, a emoção pela conclusão de uma obra-prima remete à mesma expressão que saiu do fundo da garganta de Carlos Alberto Torres assim que fez aquele gol: "Puta que pariu!". Não um palavrão. Não um xingamento. Quem vive e ama o futebol sabe que, nessas horas, uma frase dessa, nessa situação, soa quase como uma prece. "PQP, que golaço!".

Camisa 4 nas costas, Carlos Alberto Torres subiu nas tribunas do estádio e recebeu a Taça Jules Rimet como capitão da seleção brasileira. "É nossa!", gritou ao mundo. Sua voz forte ecoava ao mundo a supremacia do futebol brasileiro. Em meio a tantas lembranças que passam na cabeça de um jogador em um momento de triunfo como esse, Carlos Alberto voltou no tempo e lembrou de seu pai, seu Francisco, o primeiro homem a descobrir que tinha em casa um menino que nasceu para ser líder.

Um capitão dentro de casa

Carlos Alberto Torres nasceu no Rio de Janeiro, no dia 17 de julho de 1944. Desde pequeno gostava de jogar bola, inspirando-se no irmão mais velho José Luis, que atuava nas equipes de base do Fluminense. Carlinhos, como era chamado, na adolescência participava de peladas na Quinta da Boa Vista e na Vila da Penha, zona norte do Rio. Apesar da paixão dos filhos pelo futebol, seu Francisco era contra. Dizia que futebol "não dava camisa a ninguém". Queria que os filhos se dedicassem aos estudos, se formassem doutores e tivessem uma vida mais tranquila do que a dele.

O pai do capitão do tri era mecânico da Prefeitura do Rio de Janeiro. Cuidava dos carros, consertava cada defeito e, de vez em quando, mostrava aos filhos como se desmontava um motor. Carlinhos gostava de ver o pai trabalhando. Apesar do carinho pelos automóveis, sua verdadeira paixão era o futebol.

Quando tinha 15 anos, Carlinhos foi levado pelo irmão para um treino no Fluminense. O mulato magro e esguio logo mostrou categoria matando a bola no peito e dando chapéu no ponta adversário. A alegria, no entanto, durou pouco. O pai assistiu a tudo do alambrado, e não gostou de ver Carlinhos envolvido com o futebol. Em casa, a conversa foi ríspida. Mas o menino não abaixou a cabeça. Com a família reunida na hora do jantar, prometeu a todos que não abandonaria os estudos, mas que ia sim ser um jogador de futebol. Naquela noite, Carlinhos se tornava Carlos Alberto. "Pai, fica tranquilo, ele tem muito futuro no futebol", disse José Luis, o irmão mais velho.

O início no Fluminense

A partir daquele dia, Carlos Alberto Torres passou a treinar no Fluminense com o consentimento da família. O que muita gente não sabe é que antes de pisar nas Laranjeiras ele tinha tentado a sorte no Flamengo, convidado por um jogador do Rubro-Negro chamado Othon. Diz a lenda que Carlos Alberto não conseguiu nem passar pelo portão. O porteiro barrou sua entrada, e o meia Dida, maior estrela do Flamengo na época, desprezou os pedidos do rapaz para chamar o tal Othon para liberar a entrada.

No Fluminense, no entanto, Carlos Alberto encontrou as portas abertas. Seu primeiro técnico foi Roberto Alvarenga, que já o conhecia quando ele jogava no Ipiranga da Vila da Penha. Alvarenga era um visionário – por 40 anos foi chefe do Departamento de Futebol

do Fluminense, descobriu craques como Marco Antônio, Edinho e Carlos Alberto Pintinho, e convenceu Telê Santana a ser técnico de futebol. Alvarenga fez alguns testes com o jogador no meio de campo e na lateral esquerda, mas viu que Carlos Alberto tinha tudo para ser um grande lateral-direito. Pernas compridas, boa impulsão, fôlego interminável que lhe permitia ir ao ataque, quando preciso, e voltar rapidamente para recompor a defesa.

No primeiro ano, como juvenil do Fluminense, Carlos Alberto atuou ao lado do irmão José Luis, um como lateral, o outro como zagueiro-central. Mas logo o irmão arrumou um emprego no Banco Nacional e largou o futebol. Carlos Alberto Torres ficou. Aos 18 anos foi para a seleção olímpica e conquistou a medalha de ouro dos Jogos Pan-Americanos na edição realizada em São Paulo, onde pôde jogar pela primeira vez com aquele que seria o seu mais famoso parceiro na ponta direita: Jairzinho, do Botafogo.

No ano seguinte, Carlos Alberto Torres já era o lateral titular do Fluminense. Herdou a posição de Jair Marinho, que tinha sido campeão do mundo em 1962, no Chile, como reserva de Djalma Santos. Jair Marinho tinha quebrado a perna em uma partida contra o Botafogo pelo Torneio Rio-São Paulo.

– O Antoninho tinha sido meu treinador na seleção olímpica e me chamou para ser titular. Fui jogar ao lado de feras como o Castilho, o Pinheiro e o Altair. Tinha que aproveitar aquela oportunidade. Naquela época não havia essa coisa de preparar o garoto. Ou você era bom ou não era. Eu entrei e nunca mais saí – relata Carlos Alberto.

Quando Jair Marinho se recuperou, a posição já tinha dono. Restou ao antigo lateral pegar suas coisas e procurar outro clube para jogar. Acabou indo para o Corinthians.

O melhor lateral do país

Um ano como titular do tricolor carioca serviu para Carlos Alberto Torres provar que era o melhor lateral-direito do país. Foi campeão carioca em 1964 e se tornou titular da seleção brasileira na disputa da Taça das Nações. Naquele torneio, Carlos Alberto jogou pela primeira vez ao lado de um homem que teria uma participação muito importante em sua carreira: Pelé. A estreia na seleção principal não poderia ter sido melhor: o Brasil goleou a Inglaterra por 5 a 1 no Maracanã, humilhando o time que tinha Bobby Moore e Bobby Charlton e que se tornaria campeão do mundo dois anos depois.

O jogo seguinte, o segundo de Carlos Alberto pela seleção principal, também foi emblemático. O Brasil, com astros como Gilmar, Roberto Dias, Gérson, Julinho Botelho e Vavá, além de Pelé e Carlos Alberto, levou um baile da Argentina de Antonio Rattin e Ramos Delgado em pleno Pacaembu e perdeu de 3 a 0 diante de 50 mil pessoas [naquela época cabia mais gente no estádio paulista]. Pelé brigou em campo, Gérson perdeu um pênalti, enfim, deu tudo errado para a seleção. Em menos de uma semana, o jovem Carlos Alberto conhecia o céu da vitória e o inferno da derrota. A Argentina foi campeã.

Carlos Alberto Torres acabou prejudicado por aquela derrota para os rivais argentinos. O técnico Vicente Feola alegou que o lateral era indisciplinado taticamente, gostava de abandonar a posição para se lançar ao ataque e deixava a defesa brasileira à deriva. A ascensão de Carlos Alberto na equipe nacional foi interrompida e o veterano Djalma Santos voltou a ser convocado. Mas o lateral não se abateu. Seguiu se destacando no Fluminense e foi escolhido pelos leitores como o melhor lateral-direito em uma eleição promovida pelo *Jornal dos Sports*.

Contratado pelo Santos de Pelé

No ano seguinte, o Santos ofereceu uma quantia milionária ao Fluminense pelo passe de Carlos Alberto Torres. O jogador foi vendido por Cr$ 200 milhões, a maior transação do futebol brasileiro na época, superando a contratação de Gérson, do Flamengo para o Botafogo, por Cr$ 150 milhões. O contrato foi assinado em uma agência do Banco Nacional de Belo Horizonte, onde o diretor da instituição, Antonio de Pádua Rocha Diniz,

assinava o cheque emprestando ao Santos a verba para fechar o negócio.

Nunca um clube brasileiro havia pago tanto dinheiro por um jogador de defesa. E nunca um lateral tinha recebido tanto por um novo contrato. Carlos Alberto Torres ganhou 15% relativos ao valor do passe, Cr$ 15 milhões de luvas e salário de Cr$ 200 mil mensais. Dirigentes dos clubes rivais diziam que aquilo era uma loucura, o Santos estava inflacionando o mercado do futebol. Até o escritor Nelson Rodrigues, o mais famoso torcedor do Fluminense, tentou impedir a saída do jogador das Laranjeiras. Para ele, Carlos Alberto Torres era o "Nilton Santos da lateral direita", e jamais poderia ter deixado o tricolor.

Com o dinheiro, Carlos Alberto deu um carro zero km ao irmão José Luís, arrumou a vida da família e partiu para uma carreira de sucesso no Santos. O jogador chegou "chegando" na Vila Belmiro. Com a personalidade de um veterano, apesar dos 21 anos de idade, logo marcou seu território no elenco de estrelas do Santos bicampeão do mundo que tinha Gilmar, Mauro Ramos, Lima e o quinteto Dorval, Mengálvio, Coutinho, Pelé e Pepe.

– Não havia vaidade no elenco. Pelé, o maior de todos, era um cara simples, cumpria todas as obrigações, era amigo de todo mundo e estava sempre disposto a ajudar o time. Só não jogava se estivesse quebrado – destaca Carlos Alberto. Em 1965, o Santos foi campeão paulista e ganhou pela quinta vez consecutiva a Taça Brasil, derrotando o Vasco na final por 1 a 0. No ano seguinte, o domínio santista seria interrompido com as conquistas do Palmeiras de Ademir da Guia no Campeonato Paulista, e do Cruzeiro de Tostão na Taça Brasil. O Santos ganhou apenas o Torneio Rio-São Paulo em 1966, um ano de desilusão na carreira de Carlos Alberto – e do amigo Pelé.

De fora da Copa de 1966

O lateral do Santos estava no auge da forma e era considerado como nome certo para ser o titular da seleção brasileira na Copa do Mundo que seria disputada na Inglaterra. Mas a famosa bagunça na preparação do Brasil, com 45 jogadores convocados para dali sair os 22 da Copa, fez de Carlos Alberto uma vítima. Na disputa com outros três jogadores por duas vagas de lateral-direito, ele acabou sendo cortado ao lado de Murilo, do Flamengo. Djalma Santos e Fidélis foram chamados na lista final do técnico Vicente Feola.

O jogador se revoltou contra o supervisor da seleção, Carlos Nascimento, e precisou ser contido por Zito para não fazer uma besteira diante das insinuações do dirigente sobre o comportamento do jogador fora de campo. "Eles não me disseram a razão da dispensa. Não tenho mágoas do Feola, meu problema é com o Carlos Nascimento, que me persegue desde que saí do Fluminense", disse Carlos Alberto, na época.

O resto da história todo mundo conhece: fiasco na Copa do Mundo de 1966, com Pelé caçado no jogo em que o Brasil perdeu para Portugal por 3 a 1 e foi eliminado do Mundial ainda na primeira fase da competição.

Já com o reforço de uma nova geração de jogadores, como Clodoaldo, Edu, Toninho Guerreiro e Abel – este, na opinião de Carlos Alberto, o ponta-esquerda mais difícil de ser marcado (e que por sorte jogava no time dele) –, o Santos retomou sua hegemonia no futebol brasileiro conquistando o tricampeonato paulista de 1967 a 1969, o Torneio Roberto Gomes Pedrosa e a Recopa Mundial, em 1968. O time ainda fez várias excursões ao exterior, indo inclusive à África para o famoso jogo no Congo Belga, onde a guerra entre tribos rivais foi momentaneamente suspensa para o povo poder ver as atuações de Pelé e companhia.

Líder do time de 1970

A partir de junho de 1968, Carlos Alberto Torres voltou a ser convocado para a seleção brasileira. O técnico era Aymoré Moreira. Foi titular em todas as partidas das Eliminatórias para a Copa do Mundo do México, sob o comando de João Saldanha,

e seguiu soberano na posição em 1970, convocado por Mario Jorge Lobo Zagallo para ser o capitão do Brasil no Mundial e liderar um grupo cheio de jogadores experientes, como Pelé, Wilson Piazza, Félix, Brito e Gérson, e jovens talentos de personalidade forte, como Rivellino e o terceiro goleiro Leão.

– Zagallo foi inteligente em mudar a tática do time. Colocou o Piazza de quarto-zagueiro para melhorar a saída de jogo do Brasil. Encaixou o Rivellino no time como ponta-esquerda, apesar de ter dois jogadores da posição no elenco, o Paulo César e o Edu. E aproveitou o meu estilo de jogo mais ofensivo prendendo o Everaldo na lateral esquerda e me liberando para atacar – relata Carlos Alberto, que teve o lateral-direito Zé Maria, do Corinthians, como seu reserva imediato.

O Brasil estreou na Copa do Mundo vencendo a Tchecoslováquia por 4 a 1 e no segundo jogo teve pela frente a Inglaterra. O duelo era decisivo: quem vencesse continuaria em Guadalajara, enquanto o perdedor teria de se deslocar para atuar na altitude da Cidade do México. Naquela partida, os ingleses abusaram do jogo bruto. O lateral-esquerdo Marco Antonio sofreu uma entrada violenta de um adversário, e o goleiro Félix levou um chute no rosto, dado pelo meio-campista Francis Lee.

Já que o juiz daquela partida, o israelense Abraham Klein, deixava a pancadaria correr solta, o capitão Carlos Alberto resolveu tomar satisfação. Deu um pontapé sem bola no inglês Lee e mostrou a ele que do outro lado tinha homem. A partir daquele instante os ingleses deixaram a violência de lado e voltaram a se comportar como verdadeiros lordes. O jogo transcorreu normalmente e o Brasil venceu por 1 a 0, gol de Jairzinho. Ao término da partida, Pelé e Bobby Moore trocaram suas camisas, prática pouco comum na época, selando a paz entre as duas partes.

Força física

O Brasil seguiu caminho vencendo ainda Romênia, Peru e Uruguai até chegar à final contra a Itália. Além do talento individual, a seleção brasileira tinha como aliado o excelente trabalho de preparação física conduzido por Admildo Chirol e seus auxiliares Cláudio Coutinho e Carlos Alberto Parreira. A comissão técnica importou as técnicas de preparação física do norte-americano Kenneth Cooper, que indicavam que correr regularmente durante uma hora todos os dias seria a melhor maneira de manter a forma e a saúde.

– Estávamos em excelente condição física. Sabíamos que ninguém conseguiria manter o ritmo que nós mantínhamos durante os 90 minutos. Assim, ganhamos os jogos contra Peru, Uruguai e Itália no segundo tempo.

Entre as curiosidades daquela final, Carlos Alberto conta que na véspera do jogo, Pelé, ao acordar de seu tradicional cochilo depois do almoço, disse ao capitão: "Você vai fazer um gol no jogo contra a Itália".

Vida de celebridade

A conquista do tricampeonato e o golaço na final contra a Itália transformaram Carlos Alberto Torres em uma celebridade.

– Sabe lá o que será para meus filhos Carlos Alexandre e Andréa exibirem no colégio o nome do pai, capitão da seleção campeã do mundo? Isso não é para qualquer um – dizia antes da Copa de 1970, em tom de profecia.

Mas o jogador acabou pagando um preço alto pelo sucesso de ser o capitão do tri. Para faturar mais nas excursões ao exterior, o Santos devia levar seus campeões do mundo – Carlos Alberto, Pelé e Clodoaldo, além de Joel Camargo e Edu, reservas no Mundial – aos jogos internacionais.

A diretoria marcou uma excursão a Hong Kong e Japão, e Carlos Alberto pediu para não viajar, pois estava com o joelho machucado. O general Osman Ribeiro de Moura, vice-presidente do clube, insistiu para que ele fosse, mesmo que não entrasse em campo. Carlos Alberto

perguntou se ganharia alguma compensação financeira só para passear no outro lado do mundo. "Se não jogar só vai ganhar metade do bicho", disse o general. O jogador decidiu ficar no Brasil. Revoltado, o dirigente afirmou que Carlos Alberto não jogaria mais no Santos.

Em 1971, Carlos Alberto foi emprestado ao Botafogo após ficar seis meses se recuperando de uma cirurgia no joelho. Foi vice-campeão carioca naquele ano. O Botafogo perdeu a final para o Fluminense por 1 a 0, em um controvertido gol do atacante Lula. A decisão levou 142 mil pessoas ao Maracanã [antigamente cabia muito mais gente nos estádios].

O Botafogo tentou comprar o passe de Carlos Alberto, mas o Santos preferiu reincorporar o jogador ao seu elenco. Em 1973, foi mais uma vez campeão paulista e tem o título dividido com a Portuguesa depois que o árbitro Armando Marques errou as contas das cobranças de pênalti e declarou o Santos campeão apesar de a Portuguesa ainda ter a chance de empatar a disputa.

Outra Copa perdida

Carlos Alberto tinha 29 anos, um joelho operado e já não jogava mais como lateral. Estava iniciando sua trajetória como zagueiro. Já não pensava mais em correr ao ataque, visitar a linha de fundo várias e várias vezes para cruzar a bola na área, e já se dava por satisfeito com os gols que tinha marcado – de vez em quando cobrava um pênalti, para matar a saudade do grito de gol da torcida.

Logo se destacou como um zagueiro de técnica apurada, com um grande senso de colocação e cobertura. Em 1974, Carlos Alberto não pôde disputar a Copa do Mundo na Alemanha por causa de uma contusão. Ele se machucou durante um treino do Brasil em uma dividida com o zagueiro Luis Pereira e não conseguiu se recuperar a tempo de disputar o Mundial na Alemanha. Sem o capitão, o Brasil levou alguns remanescentes do time tricampeão do mundo, como Rivellino, Jairzinho e Piazza, além de Leão, Zé Maria, Marco Antonio, Paulo César Caju e Edu, que haviam sido reservas no México.

De volta ao futebol carioca

Em 1975, Carlos Alberto Torres foi vendido ao Fluminense. Quando chegou ao clube, parecia cansado pela rotina extenuante que vivera até ali. Mas encontrou no Tricolor Carioca a motivação que lhe estava escapando. Foi recebido com festa por antigos colegas de seleção, como Félix, Rivellino e Paulo César Caju. E logo ganhou a admiração dos mais jovens. Se não tinha mais a força física para correr na lateral, como zagueiro Carlos Alberto era um monstro. Comandou a defesa do Fluminense e fez história no clube, apesar da rápida passagem pelas Laranjeiras. Ele finalmente pôde ser ídolo no time que ficou conhecido como "Máquina Tricolor", bicampeão carioca em 1975 e 1976.

Em seguida, Carlos Alberto foi jogar no Flamengo. Tinha 32 anos e fez sua estreia com a camisa rubro-negra justamente contra o Fluminense, em um amistoso no Maracanã. Jogando de quarto-zagueiro, o capitão deixava de vez a vida como lateral e passava a integrar um time de astros como Zico, Júnior, Adílio, Carpegiani e Rondinelli. Foram apenas 19 jogos com a camisa do Flamengo.

Carlos Alberto acreditava que jogando no time dirigido pelo então técnico da seleção brasileira, Claudio Coutinho, que o conhecia desde quando fazia parte da comissão técnica tricampeã do mundo em 1970, as chances de voltar à seleção brasileira e disputar mais uma Copa do Mundo, na Argentina, em 1978, seriam maiores. De fato, chegou a disputar três jogos das Eliminatórias para a Copa do Mundo, em 1977, mas parou de ser chamado assim que a classificação do Brasil foi definida.

Entre os astros do Cosmos

Carlos Alberto Torres decidiu então mudar o rumo de sua carreira e ir jogar bola nos Estados Unidos. Com a ajuda do amigo Pelé e do professor Júlio Mazzei, foi contratado para ser uma das estrelas do New York Cosmos. Chegou para jogar como

Arquivo/Agência O Globo

No Fluminense, presença na "máquina tricolor".

líbero e obrigou o consagrado alemão Franz Beckenbauer a ceder a posição na defesa e jogar mais avançado no meio de campo.

Em Nova York, Carlos Alberto viveu uma vida de *popstar*, participando de festas junto a outras celebridades do cinema e do esporte. Em campo, justificou o seu prestígio. Ao lado de craques como Giorgio Chinaglia e Johan Neeskens, ganhou três títulos nacionais e levou até prêmio de melhor jogador do campeonato, algo raro para um atleta de defesa. Em 1981, após se desentender com o treinador alemão Hennes Weisweiller, que achava que Beckenbauer era quem deveria jogar na defesa, Carlos Alberto foi atuar no Newport Beach, do outro lado do país. "O presidente do Cosmos, Steve Ross, me falou para passar uma temporada lá e depois voltar para fazer a minha despedida", revela.

De volta ao Cosmos, encerrou a carreira de jogador em 1982 logo após a conquista do seu terceiro título nos Estados Unidos. Carlos Alberto Torres ganhou um jogo de despedida com todas as pompas a que tinha direito, como o Cosmos havia feito com os outros dois grandes nomes do clube, Pelé e Beckenbauer. No campo de grama sintética do Giants Stadium de Nova York, uma multidão aplaudiu o capitão após o emocionante jogo de despedida contra o Flamengo que terminou com um empate por 3 a 3.

Vida de treinador

– Depois que parei de jogar comecei a dar aulas de futebol para a garotada em Nova Jersey. Vi que aquilo dava resultado e decidi continuar nos Estados Unidos. Conseguia reunir mais de 1.500 garotos em um único curso – conta Carlos Alberto Torres.

A boa vida de professor de escolinha durou pouco. Em março de 1983, ele recebeu nos Estados Unidos a visita do presidente do Flamengo Antonio Augusto Dunshee de Abranches. O time carioca estava com um técnico interino e o dirigente convidou Carlos Alberto Torres para assumir a equipe. O Flamengo era o melhor time do Brasil, tinha vencido o campeonato nacional em 1980 e 1982, a Libertadores e o Mundial em 1981. Com Carlos Alberto no comando, o Flamengo conquistou naquele ano o seu terceiro título brasileiro batendo o Santos no Maracanã com uma goleada por 3 a 0.

Três meses depois, ao ver seu time perder por 3 a 0 para o Botafogo, Carlos Alberto Torres foi demitido do cargo de técnico do Flamengo. Ele logo percebeu que vida de treinador não era nada fácil.

Melhor para o Fluminense, que o chamou para ser coordenador de futebol em 1984. Carlos Alberto levou para as Laranjeiras um reforço de peso, o atacante paraguaio Romerito, com quem tinha atuado em seu último ano no Cosmos. Astuto, negociou com os americanos uma forma de o Fluminense pagar o passe de US$ 1 milhão de Romerito em jogos que o clube faria nos Estados Unidos. Deu certo. Na base do cachê dos amistosos, o Fluminense pagou o investimento no paraguaio. E Romerito foi o herói do time ao marcar o gol do título do Campeonato Brasileiro de 1984 na final contra o Vasco.

No fim do ano, Carlos Alberto Torres assumiu o cargo de técnico do Fluminense e levou o time ao título de campeão carioca com uma vitória por 1 a 0 sobre o Flamengo na decisão, gol de Assis.

Em 1985, Carlos Alberto tentou uma jogada decisiva em sua carreira como técnico. Deixou o Fluminense para comandar o Corinthians. O objetivo era fazer do popular clube paulista um trampolim para chegar ao cargo de técnico da seleção brasileira. Seu nome foi ventilado como um dos possíveis substitutos de Evaristo de Macedo, que estava deixando o cargo. Mas acabou perdendo a briga para Telê Santana. "Aquele era o meu momento. A minha chance. Como não fui chamado, passou."

Carlos Alberto Torres dirigiu ainda clubes importantes como Botafogo e Atlético-MG, além de Náutico e Paysandu. Trabalhou também no exterior, comandando o Once Caldas e o Unión Magdalena da Colômbia, Tijuana e Queretaro, do México, e as seleções da Nigéria, Omã e Azerbaijão. Também atuou na política. Foi vereador da cidade do Rio de Janeiro de 1989 a 1993. Em 2008, compôs a chapa do PDT como candidato a vice-prefeito na cidade do Rio de Janeiro. Não foi eleito. Com as mudanças no futebol e a presença cada vez mais forte dos interesses de empresários de jogadores nos clubes, Carlos Alberto Torres vê o futebol seguir cada vez mais contra os seus princípios. O capitão prefere se afastar para não sujar as mãos que já levantaram o troféu mais desejado do mundo.

ENTREVISTA:

CLODOALDO

"Carlos Alberto foi o Beckenbauer da lateral direita"

Quando Carlos Alberto levantou a taça Jules Rimet das tribunas do Estádio Azteca, na Cidade do México, em 21 de junho de 1970, um jovem sergipano de apenas 20 anos de idade se emocionava com a conquista do tricampeonato mundial. A poucos metros de distância, o jogador Clodoaldo esperava sua vez na fila que tinha Pelé, Rivellino, Tostão, Jairzinho, Piazza, Félix e Gérson, entre outros, para poder colocar as mãos no troféu de tricampeão do mundo.

O mais jovem entre os titulares daquele time inesquecível, Clodoaldo colocou seu nome entre os grandes craques do futebol brasileiro com aquela conquista. E guardou para sempre na memória as conversas que teve com o capitão daquele time durante a campanha do tricampeonato. "O Carlos Alberto sempre me dizia que a gente ia ganhar, que iríamos ser campeões do mundo", revela.

Clodoaldo Tavares Santana ainda era um menino quando subiu para os profissionais do Santos em 1966. Ainda não tinha completado 17 anos e já mostrava muita vontade de vencer na carreira e um talento precoce como médio-volante quando chegou para se juntar a um elenco de feras como Pelé, Gilmar, Mauro Ramos, Lima, Toninho Guerreiro, entre outros. Naquele ano, o Santos contratou o lateral-direito Carlos Alberto Torres, que jogava no Fluminense. Carlos Alberto foi um dos jogadores que indicaram ao técnico Lula o jovem volante do time de juvenis como o substituto ideal para o ídolo Zito, que estava para se aposentar.

Foi o início de uma grande amizade entre os dois jogadores. Clodoaldo sempre cultivou uma admiração e grande respeito por Carlos

Alberto Torres. A parceria que eles iniciaram no Santos foi levada para a seleção brasileira na disputa da Copa do Mundo de 1970, no México. Clodoaldo e Carlos Alberto dividiram o mesmo quarto na concentração do Brasil em Guadalajara.

Como um irmão mais velho, Carlos Alberto deu todo o incentivo para que o jovem volante pudesse se sentir à vontade diante de tantos craques no time do tricampeonato. Clodoaldo formou com Gérson, Pelé e Rivellino um dos melhores quartetos de meio de campo que o mundo já viu.

Além do tricampeonato em 1970, Clodoaldo conquistou ao lado de Carlos Alberto Torres os títulos de campeão paulista de 1967, 1968, 1969 e 1973 e do Torneio Roberto Gomes Pedrosa de 1968 pelo Santos. Outra coincidência no destino dele e do "Capita" é que ambos foram cortados da Copa do Mundo de 1974 por contusão.

Qual é a sua opinião sobre o Carlos Alberto Torres como lateral-direito?
Eu sempre coloquei o Carlos Alberto como o melhor lateral de todos os tempos. Ele foi o Beckenbauer da lateral direita. Todo mundo admirava o Beckenbauer por correr sempre de cabeça erguida, jogar com elegância e sobriedade, nunca dar carrinho e saber organizar como ninguém um time de dentro do campo. Pois o Carlos Alberto também era assim. Ele tinha um estilo de jogo único, uma elegância na hora de sair jogando, uma grande qualidade técnica no passe, incrível senso de colocação, enfim, foi um jogador acima da média, com um estilo parecido ao do Beckenbauer, que foi outro gênio do futebol.

Quais características de jogo do Carlos Alberto que mais lhe chamavam a atenção?
Carlos Alberto foi um jogador fantástico, com características muito à frente da época em que atuou. Ele era um ala e lateral ao mesmo tempo, isso no final dos anos 1960. Marcava muito bem, sempre na bola, sem apelar para faltas violentas, e ainda era muito eficiente no apoio ao ataque. Ele chegava à linha de fundo em velocidade e tinha

Arquivo/Agência O Globo

Clodoaldo vibra com o gol sobre o Uruguai, em 1970.

muitos recursos nos cruzamentos. Sua condição física era invejável. Nos treinos, Carlos Alberto era sempre um dos que "puxavam" a fila. Tinha uma saída de bola perfeita e sabia driblar muito bem. Enfim, era um jogador completo.

Como foi o seu primeiro contato com o Carlos Alberto Torres?
Comecei no time infantil do Santos, passei pelo juvenil e, quando subi para o elenco profissional, o Carlos Alberto tinha acabado de ser contratado. Ele foi um dos grandes incentivadores da minha carreira desde o início. Quando viu o time de garotos treinando, ele comentou com o técnico e os dirigentes que tinha um moleque que mostrava talento e capacidade para ser um grande jogador. Modéstia à parte, ele estava certo. Tanto que eu herdei a posição de titular do Santos que era do grande Zito e com 17 anos fui convocado pela primeira vez para a seleção brasileira, em 1968. Dois anos depois estava na Copa do Mundo, sendo campeão mundial com apenas 20 anos.

Por que o capitão da seleção brasileira em 1970 foi o Carlos Alberto Torres e não o Pelé?
Um capitão do time não é necessariamente aquele que joga mais, que é o craque. O capitão tem que ter um espírito de liderança quase que natural. O Pelé foi o maior jogador que o mundo já viu, mas ele mesmo sempre disse que nunca fez questão de ser capitão. Além disso, de uma maneira geral, o capitão costuma ser o jogador que atua no meio do campo ou na defesa, onde é possível enxergar todo o jogo e estar em contato constante com todos os setores do time. O Carlos Alberto era um grande capitão, falava com todo mundo, se precisasse gritava com o time, e impunha respeito diante do juiz e dos adversários.

Como foi a parceria entre vocês na conquista do tricampeonato mundial?
Nós fomos companheiros de quarto na concentração da seleção brasileira em Guadalajara, e foi muito importante para mim ter o apoio diário do Carlos Alberto. Ele tinha a convicção de que iríamos ganhar aquela Copa. "Vamos ganhar essa Copa, vamos ser campeões", ele repetia todo dia no quarto. Não esqueço como isso foi entrando na minha cabeça. Fui ficando cada vez mais motivado e com vontade de ganhar cada jogo. O capitão tinha mesmo uma liderança nata.

Em campo era sua a responsabilidade de cobrir o espaço que ele deixava quando subia ao ataque, não é?
É verdade. Naquela época se jogava com apenas um volante, que era mais conhecido como cabeça de área. Eu tinha essa função de proteger a defesa e cobrir os laterais. Além disso, pelo esquema tático do Zagallo, o Brasil jogava com um lateral mais defensivo pelo lado esquerdo, o Everaldo, e o Carlos Alberto tinha mais liberdade para atacar pela direita. E ele apoiava muito. Eu já estava acostumado a fazer essa função de cobertura. No Santos tínhamos também alguns laterais que avançavam, como Rildo, Zé Carlos e Turcão, mas não era como hoje, em que os laterais estão constantemente indo ao ataque.

Mas na semifinal contra o Uruguai foi você quem largou a defesa e foi para o ataque fazer o primeiro gol do Brasil. Como foi aquela jogada?
Foi um lance de instinto próprio. Eu comecei a avançar pelo lado esquerdo, toquei a bola para o Tostão, que estava na ponta esquerda, e corri para a área. Ele devolveu na medida para eu desviar com o pé direito para o gol uruguaio. Foi um lance importante porque estávamos perdendo o jogo. E eu fui tranquilo para a frente porque sabia que a defesa estaria bem guarnecida, inclusive pelo Carlos Alberto.

O tricampeonato foi coroado com aquele gol antológico marcado pelo Carlos Alberto Torres na decisão contra a Itália. A jogada começou com você ainda na defesa. Que lembranças você tem daquele lance?
Foi um lance maravilhoso, uma sequência de jogadas que começou na defesa. Lembro que driblei uns três ou quatro italianos e passei para o Rivellino, que mandou a bola para o Jairzinho deslocado pela esquerda. A defesa toda da Itália foi para cima dele e deixou um corredor aberto no lado direito por onde o Carlos Alberto apareceu. Ele recebeu a bola do Pelé e finalizou com muita felicidade. Foi um gol merecido. Tenho um carinho especial pelo "Capita". É um orgulho falar sobre ele em um livro sobre os melhores laterais do nosso futebol.

Aníbal Philot/Agência O Globo

CAPÍTULO 4

NELINHO

Em qualquer
parte do campo,
falta cobrada por
Nelinho era sinônimo
de gol. O lateral do chute
de efeito conseguiu
a façanha de ser ídolo
de duas torcidas
rivais.

Você se lembra das aulas de física sobre força centrípeta? É a força resultante que puxa o corpo para o centro da trajetória em um movimento curvilíneo ou circular. Objeto que se desloca em arco, com o valor da velocidade constante, possui uma variação na direção do movimento; como a velocidade é um vetor de módulo, direção e sentido, uma alteração na direção implica uma mudança no vetor velocidade. A razão dessa mudança na velocidade é a aceleração centrípeta.

Difícil entender, não é? Que tal então um exemplo prático? Procure na internet um vídeo do gol do lateral-direito Nelinho no jogo do Brasil contra a Itália, na disputa do terceiro lugar da Copa do Mundo de 1978, na Argentina. Um dos gols mais belos de todas as Copas do Mundo é uma verdadeira aula sobre velocidade e rotação.

Nelinho era o lateral-direito da seleção brasileira, já tinha feito um gol de falta na partida anterior, contra a Polônia, e fazia dos chutes fortes e cheios de efeito a sua marca pessoal. Gostava de apoiar sempre o ataque e naquele jogo subiu com liberdade pelo lado direito. Após receber a bola de Roberto Dinamite, avançou pela ponta e mirou no gol.

Do outro lado estava Dino Zoff, um dos melhores goleiros que o mundo já viu e que mais tarde se consagraria sendo campeão do mundo em 1982 aos 41 anos. O arqueiro italiano previu que Nelinho iria chutar no gol do bico da grande área e tratou de fechar todos os ângulos possíveis. Sabia que o brasileiro chutava forte, mas estava tão bem posicionado que a bola certamente iria sobre seu corpo. No máximo teria de fechar os punhos para rebater a bola para longe ou jogá-la para escanteio.

Talvez Zoff não tivesse total conhecimento das armas deste carioca que fez fama e sucesso jogando nos dois principais clubes de Minas Gerais. Nelinho era um rebelde por natureza. Não se conformava apenas em ser um marcador de pontas. Gostava de estar lá na

frente, chutar a gol, bater faltas, aparecer de surpresa. Ficava encantado com o grito de gol que disparava nas arquibancadas. Pode não ter estudado a fundo as teorias da física, mas sabia muito bem como praticá-las. Foi o que fez naquela tarde no Estádio Monumental de Nuñez, em Buenos Aires.

O chute de Nelinho saiu cheio de efeito. O lateral mirou fora do gol da Itália. Se a bola fosse reta, sairia longe da meta, quase no encontro da risca lateral direita da grande área com a linha de fundo. O lateral bateu na bola usando os três dedos externos do pé: o terceiro, quarto e quinto pododáctilos, ou, para os leigos, "Pai de Todos", "Seu Vizinho" e "Mindinho".

A cada distância que a bola percorria, sua trajetória se alterava indo em direção ao gol. Zoff esticou o braço, os dedos da mão e usou toda a sua impulsão para multiplicar seu corpo de 1,82 m o máximo possível. Dizem que se ele se esforçasse um pouco mais quebraria a espinha. Não deu. A bola passou girando, girando, girando além de seus dedos e foi para dentro do gol. O mundo ficou estarrecido com aquela curva. Nelinho virou referência entre os amantes do futebol. Na internet, o vídeo daquele gol aparece como "a curva mais perfeita que uma bola já fez". O mais incrível é que, para ele, aquilo era rotina. Mamão com açúcar. Sopa no mel.

Nelinho não inventou a fórmula da "folha seca", quando a bola cai rapidamente em curva tendo sua trajetória completamente alterada. O mago Didi já tinha se consagrado com esse artifício em 1957. Nelinho aperfeiçoou colocando uma força descomunal no chute. Virou uma arma letal.

O lateral-direito Nelinho foi um dos maiores cobradores de falta que o mundo já viu. Seu estilo era diferente do jeito de outros grandes cobradores de falta como Zico, Platini, Maradona e David Beckham, que batiam na bola não com tanta força, mais "colocado", quase jogando a bola com a mão. Nelinho chutava forte, com efeito e muito veneno, um estilo também praticado por craques como Rivellino, Éder e Roberto Carlos. Jogador assim é difícil de aparecer.

Os primeiros chutes

Manoel Rezende de Matos Cabral, o Nelinho, nasceu no Rio de Janeiro em 26 de julho de 1950. Em outras palavras, ele veio ao mundo dez dias depois de o Brasil sofrer a sua mais traumatizante derrota no futebol, quando perdeu para o Uruguai por 2 a 1 no episódio conhecido como *Maracanazo*. Nelinho passou a infância no bairro do Méier, na Zona Norte do Rio. Apaixonado por futebol, quando criança estava sempre de posse da bola e organizava as brincadeiras com os amigos. Logo passou a frequentar a escolinha de futebol do Olaria Atlético Clube, também na Zona Norte da cidade. Na adolescência, ele chamou a atenção de um "olheiro" do Fluminense, que o indicou para o time infantojuvenil.

Foi uma passagem rápida pelas Laranjeiras. Jogava no meio de campo e mostrava muita força física e habilidade nos jogos em que participava. Em 1970, Nelinho já estava em seu último ano como aspirante quando foi contratado pelo América. Assinou seu primeiro contrato profissional pelo clube. Não demorou muito para o técnico Oto Glória indicá-lo ao clube Barreirense de Portugal. A carreira estava só começando e o jogador já iniciava uma peregrinação entre clubes sem conseguir se fixar em nenhum.

Em Portugal, as coisas não saíram como Nelinho queria. O jogador sentiu uma contusão na virilha que o impedia de jogar. Os dirigentes do Barreirense achavam que ele estava fazendo corpo mole. O jogador bateu o pé, armou uma confusão e voltou para o Brasil. Antes, porém, comprou seu próprio passe e passou a ser o dono do seu destino. Tinha apenas 21 anos.

Sem muito o que fazer, saiu à procura de um clube. O máximo que conseguiu foi uma proposta para jogar no desconhecido Deportivo Anzoátegui Sport Club, de Puerto La Cruz, na Venezuela. Foram seis meses que o próprio Nelinho classifica como "inúteis" em sua carreira.

Ao final do contrato com o time venezuelano, Nelinho voltou ao Rio e conseguiu um lugar no Bonsucesso. Disputou o Campeonato Carioca de 1972, mas não ficou no clube. Com a proposta do Clube

do Remo nas mãos, alugou mais uma vez seu passe e partiu para Belém. Disputou o campeonato paraense e o Campeonato Brasileiro da primeira divisão.

O encontro com o Cruzeiro

A sorte de Nelinho começou a mudar em 3 de dezembro de 1972. O Remo recebeu o Cruzeiro no Estádio Evandro Almeida, o Baenão, no Pará. O clube mineiro dirigido por Hilton Chaves tinha um timaço: Raul, Pedro Paulo, Darci Menezes, Fontana e Vanderlei; Piazza, Zé Carlos, Eduardo e Dirceu Lopes; Roberto Batata e Rinaldo. Nelinho fez uma grande partida e chamou a atenção dos dirigentes cruzeirenses.

Meses depois, o lateral Pedro Paulo deixou o clube e o Cruzeiro saiu em busca de um substituto. Os dirigentes lembraram do rapaz de chute forte que enfrentaram em Belém. Curiosamente, o titular do Remo chamava-se Aranha, um jogador que também fazia boas atuações e já despertava o interesse de clubes do Sudeste.

Diz a lenda que o Cruzeiro queria mesmo era contratar o Aranha, e o Atlético-MG, sabendo dos planos do rival, se antecipou e fechou contrato com o jogador primeiro. Com isso, a única opção que restou ao Cruzeiro foi o reserva de Aranha, Nelinho.

O próprio Nelinho nega essa versão. Aranha fez mesmo um grande campeonato em 1972, conquistando até a Bola de Prata, o prêmio de melhor jogador do país promovido pela revista *Placar*. Mas o lateral se machucou nas partidas finais do Campeonato Brasileiro e Nelinho aproveitou a oportunidade para se destacar nas partidas. Ele logo recebeu o contato dos dirigentes do Cruzeiro e aceitou vender o seu passe para o clube mineiro. "Eu fui contratado primeiro pelo Cruzeiro. Depois que o Aranha foi jogar no Atlético", afirma Nelinho, que ao longo da carreira ganharia quatro vezes a Bola de Prata como melhor lateral-direito do país, em 1975, 1979, 1980 e 1983.

Fase de adaptação

No Cruzeiro, Nelinho teve de adaptar o seu estilo de jogo. Nos clubes por onde passou se acostumou a jogar bem avançado, às vezes até atuava como ponta-direita, mas em seu novo clube teria de ser um lateral marcador. Na sua partida de estreia no Cruzeiro, no entanto, Nelinho mostrou que tinha muito mais a oferecer. O Cruzeiro vencia o Nacional de Muriaé por 3 a 0, quando na cobrança de uma falta, a bola foi rolada para ele. O lateral soltou a bomba no ângulo do goleiro e marcou o quarto gol. Seus companheiros ficaram impressionados com a força e a velocidade do chute.

Logo se tornou o principal cobrador de faltas do Cruzeiro. Também mostrou ser uma excelente opção de ataque para o time. "Marcar é fácil, difícil é construir as jogadas", dizia. Nos treinos, Nelinho aprimorava o calibre do seu chute. Ficava horas repetindo os chutes de longa distância. Enfileirava um punhado de bolas e começava a chutar. Batia com efeito, de chapa, com o peito do pé, até de bico. Já em 1973, no seu primeiro ano no clube, Nelinho ajudou o Cruzeiro na conquista do Campeonato Mineiro. "O time só tinha craques", destaca.

Vice-campeão em 1974

No ano seguinte, o Cruzeiro fez uma campanha exemplar no Campeonato Brasileiro. Naquele ano, o campeonato começou com 40 equipes, e as 24 melhores passaram para a segunda etapa. Os primeiros colocados de cada grupo chegaram ao quadrangular decisivo (Cruzeiro, Vasco, Santos e Internacional). No jogo contra o Santos, Nelinho marcou um dos gols mais bonitos de sua carreira: ele recebeu a bola na linha do meio de campo e passou a avançar rumo ao ataque. Os santistas partiram para cima dele para tentar lhe roubar a bola. Ele foi driblando um a um. Clodoaldo, Turcão e Marinho Peres ficaram pelo caminho. Da entrada da área, Nelinho surpreendeu a todos chutando com o pé esquerdo. O chute saiu forte, no ângulo superior esquerdo do gol santista. Foi um golaço.

O Cruzeiro terminou a segunda fase do campeonato empatado em número de pontos com o Vasco. O regulamento previa a realização de um jogo extra, com mando de campo do time com melhor campanha geral (no caso, o Cruzeiro). Mas o local da finalíssima foi alterado pela Confederação Brasileira de Desportos (CBD) a pedido da diretoria do Vasco, com a alegação de falta de segurança no Mineirão por causa da invasão de campo de um dirigente do Cruzeiro na rodada anterior.

Naquela final, o Vasco levou a melhor. Com o time empurrado pelo jovem atacante Roberto Dinamite, venceu o Cruzeiro por 2 a 1. Nelinho, no entanto, fez o que pôde para evitar que o título ficasse no Rio. Depois de o Vasco abrir o placar com um gol do atacante Ademir, Nelinho arriscou um chute de longa distância que surpreendeu o goleiro Andrada [aquele mesmo, do milésimo gol do Pelé]. A bola foi parar no ângulo do arqueiro argentino. Mas um gol decisivo de Jorginho Carveiro deu o título ao Vasco para decepção da torcida cruzeirense.

Nelinho na seleção brasileira

Ainda em 1974, Nelinho foi convocado pela primeira vez para jogar pela seleção brasileira. O técnico Zagallo montava o time que iria disputar a Copa do Mundo daquele ano na Alemanha, e a lateral direita já parecia ter um dono: Zé Maria, o grande jogador do Corinthians. Reserva de Carlos Alberto Torres na campanha do tricampeonato em 1970, Zé Maria esperava a sua chance de também poder brilhar. Carlos Alberto ainda estava em atividade, mas tinha se machucado e acabaria ficando de fora daquela Copa. Nelinho aparecia como a melhor opção para a reserva.

Ele quase chorou quando recebeu a notícia de que estava convocado para disputar a Copa do Mundo. Logo um filme passou pela sua cabeça. Tinha 23 anos, já havia rodado por clubes pequenos do Rio, pelo Norte, por Portugal. Jogou até na Venezuela. Tudo parecia estar dando errado. Até que o Cruzeiro lhe deu a grande oportunidade de sua vida e ele soube aproveitar. Mas a seleção brasileira parecia ainda um sonho muito distante. "Nunca fui convocado para coisa alguma. Nem para jogar pelada, quando era criança", declarou aos jornalistas no dia de sua convocação, em 3 de abril de 1974. "Parece que estou começando a carreira de novo." Na mesma entrevista, Nelinho já chamava a responsabilidade para si.

– Respeito muito a experiência do Zé Maria, bem maior do que a minha. Mas, se o Zagallo for adotar o mesmo esquema de 1970, atacando pelo setor direito, como o Carlos Alberto jogou, sou mais eu.

O lateral cruzeirense disputou cinco amistosos de preparação para a Copa do Mundo de 1974. E ainda foi favorecido por um incidente envolvendo Zé Maria. Na partida contra a seleção do sudoeste da Alemanha, Zé Maria se machucou. Ficaria de fora dos jogos do Brasil na primeira fase daquela Copa. De repente, Nelinho se viu titular da seleção brasileira. Entrou em campo na partida de estreia do Brasil no Mundial, contra a Iugoslávia. Jogou também contra Escócia e Zaire. Teve atuações discretas. Quando Zé Maria se recuperou, Nelinho foi para a reserva. E viu o Brasil perder para a Holanda e terminar a Copa do Mundo em quarto lugar após derrota para a Polônia.

Dores nas costas

No ano de 1975, o Cruzeiro de Nelinho foi convidado para disputar o Torneio Teresa Herrera, na Espanha. O torneio reunia ainda o Peñarol, do Uruguai, o Stoke City, da Inglaterra, e o Atlético de Madrid, da Espanha. O lateral sofria com dores nas costas e mal conseguia jogar. No entanto, o boato de que um clube espanhol estaria interessado em contratá-lo o fez esquecer do problema no nervo ciático. Contra o Stoke City, o Cruzeiro ganhou de 3 a 0 com três gols de Nelinho, sendo dois de pênalti.

O goleiro do time inglês era Peter Shilton, que se tornaria uma lenda com a camisa da Inglaterra. Mas, com Nelinho inspirado, não há goleiro que resista. A final do torneio foi contra o Peñarol. O lateral fez o primeiro gol de um jogo muito disputado que acabou

com empate por 3 a 3. Nos pênaltis, os uruguaios levaram a melhor e ficaram com a taça.

Derrotado, Nelinho se rendeu às dores nas costas. O contrato com os espanhóis não passou de boataria e ele voltou para Belo Horizonte se queixando muito. "Olha doutor, não aguento mais. Se a medicina não me cura, vou procurar outros meios", disse ao médico do Cruzeiro. Um conhecido indicou para Nelinho um "santo" do bairro do Horto, em Belo Horizonte. Ele entrou no barraco do homem que lhe indicou uma receita milagrosa: ficar cinco dias em absoluta imobilidade. Nelinho topou. "Se meu tratamento não der certo vou apelar para a macumba", afirmou na época. A verdade é que uma semana depois o lateral estava inteiro, novinho, pronto para soltar as suas bombas.

Sina de vice-campeão

Ainda em 1975, o Cruzeiro amargaria outros dois vice-campeonatos. Na disputa da Taça Libertadores da América, o time fez uma bela campanha. Superou o rival Vasco se vingando da derrota na final do Brasileiro do ano anterior e seguiu para a segunda fase como favorito. Caiu em um grupo com dois times argentinos, o Rosario Central e o Independiente. Venceu os dois rivais nos jogos de ida, no Mineirão. Perdeu para o Rosario Central na Argentina e chegou à última partida, contra o Independiente, podendo perder até por dois gols de diferença. Mas deu um branco no Cruzeiro, que foi derrotado por 3 a 0 e acabou eliminado. O Independiente foi campeão sul-americano naquele ano.

Também em 1975, o Cruzeiro chegou à decisão do campeonato. O time mineiro foi à final do Brasileiro contra o Internacional. Nelinho travou um duelo à parte com o goleiro Manga, do Inter. O lateral tentou de todas as formas vencer o veterano goleiro. Com chutes potentes de longa distância Nelinho forçou o quanto pôde. Manga, por sua vez, conseguia defender as bolas até usando só uma das mãos. Em uma falta na entrada da área, Nelinho colocou todo o veneno possível. A bola foi chutada com força e parecia seguir rumo ao canto direito do goleiro colorado. De repente, a bola faz uma curva acentuada para a esquerda pegando Manga no meio do caminho. O goleiro teve reflexos para mudar seu movimento e agarrar com as duas mãos. O Internacional venceu o jogo por 1 a 0 com um gol do zagueiro chileno Elias Figueroa e foi campeão brasileiro pela primeira vez em sua história.

Finalmente o título

A "zica" finalmente deixou Nelinho e o Cruzeiro em 1976. O time fez uma campanha notável na Libertadores e terminou como campeão. O recado de que o Cruzeiro dessa vez iria para as cabeças foi dado logo no primeiro jogo, contra o mesmo Internacional, no Mineirão. Uma partida histórica terminou com a vitória do Cruzeiro por 5 a 4. Nelinho marcou o gol da conquista cobrando pênalti, sem dar chances ao goleiro Manga. No jogo disputado em Porto Alegre, nova vitória do time mineiro: 2 a 0.

Na segunda fase, o Cruzeiro passou fácil por LDU, do Equador, e Alianza Lima, do Peru, e se classificou para a final. O adversário seria o River Plate, da Argentina. No primeiro jogo, disputado no Mineirão, Nelinho teve boa atuação e marcou um golaço na vitória por 4 a 1. Na partida seguinte, em Buenos Aires, o River Plate venceu por 2 a 1. Foi necessária então a realização de uma terceira partida para definir o campeão. O jogo foi disputado no Estádio Nacional de Santiago, no Chile. Nelinho fez o primeiro gol cobrando pênalti. Ronaldo Drummond ampliou para 2 a 0 no início do segundo tempo, mas os argentinos reagiram e empataram a partida.

Faltando cinco minutos para acabar o jogo, Palhinha sofreu uma falta na entrada da área do River Plate. Nelinho correu até o local e pegou a bola para fazer a cobrança. Estava convicto de que iria fazer o gol. Pelo visto, o goleiro Landaburu, do River Plate, também. O argentino pediu nove jogadores na barreira. Sua visão ficou completamente coberta. Nelinho já previa a bola passando por cima dos adversários e caindo no fundo do gol. Seria a sua consagração.

Eis que, de repente, o capitão Piazza aparece querendo cobrar a falta rapidamente rolando a bola para Palhinha, que estava livre dentro da área. Nelinho pisou no pé do colega. "Piazza, fica calmo, deixa comigo. Eu vou fazer o gol. Eu vou fazer o gol", dizia. Os dois começaram então a discutir. No meio da briga, o ponta-esquerda Joãozinho apareceu por trás de Nelinho e chutou a bola, com o pé direito, longe do alcance do goleiro argentino. Era o gol do título. Nelinho nem teve tempo de reclamar. A festa cruzeirense já tinha começado.

– A Libertadores nos anos 1970 era uma guerra. Não havia exame antidoping para controlar o que os jogadores tomavam. Cada jogo era uma batalha. Tinha que ganhar na marra. Além disso, os times sul-americanos, com exceção dos times do Brasil, eram base de suas seleções. No Cruzeiro era só eu, o Piazza e o Jairzinho que jogavam pela seleção – lembra Nelinho.

Jogando na neve

O título sul-americano levou o Cruzeiro à disputa do Mundial de Clubes contra o Bayern de Munique, campeão europeu de 1976. O primeiro jogo foi disputado na Alemanha, debaixo de neve. O Cruzeiro não teve chances diante do frio de Munique e da força do time do Bayern, base da seleção da Alemanha Ocidental que havia sido campeã mundial dois anos antes. Sepp Maier, Franz Beckenbauer, Schwarzenbeck, Rummenigge, Gerd Müller, Hoeness e Kapellmann eram alguns dos craques do Bayern. Os alemães ganharam em casa por 2 a 0 e no segundo jogo, no Mineirão, garantiram o título com um empate por 2 a 2.

Em 1977, o Cruzeiro chegou novamente à final da Libertadores. Desta vez, o adversário era o Boca Juniors. Os argentinos venceram a primeira partida por 1 a 0 e seguravam o empate que garantiria o título no segundo jogo, no Mineirão, quando o Cruzeiro teve uma cobrança de falta a seu favor aos 30 minutos do segundo tempo. Nelinho não teve dó e encheu o pé, talvez o chute mais forte que já tenha dado, sem a menor chance de defesa ao goleiro argentino Hugo

Gatti. No terceiro jogo, em Montevidéu, houve empate por 0 a 0. O Boca Juniors foi campeão ao vencer a disputa nos pênaltis por 5 a 4.

Naquele mesmo ano, Nelinho participou da conquista do Campeonato Mineiro com o Cruzeiro. Foi em uma série de jogos decisivos contra o rival Atlético-MG, que o Cruzeiro levou a melhor. Para ele, a conquista acabou tendo um sabor especial, pois foi seu último título com a camisa do Cruzeiro.

Campeão moral

Nelinho disputou em 1978 a sua segunda Copa do Mundo. Convocado pelo técnico Cláudio Coutinho para defender a seleção brasileira no Mundial disputado na Argentina, o lateral encontrou uma verdadeira bagunça na organização do time.

– Ninguém, entre os jogadores, tinha a certeza se estava no time por merecimento ou proteção. O técnico, quando queria substituir alguém, se servia do Departamento Médico, que cortava a escalação do jogador até por problemas de pulsação – revelou Nelinho em entrevista publicada no jornal *O Estado de S. Paulo* em 1º de junho de 1986.

Nelinho foi uma das vítimas das confusões armadas pelo técnico Coutinho. Para começar, o treinador o colocou como ponta-direita no segundo tempo do jogo contra a Suécia, na estreia da seleção. E manteve o time com dois laterais-direitos, Nelinho e Toninho, no jogo seguinte, contra a Espanha. Quando se convenceu de que sua invenção estava destinada ao fracasso, Coutinho tirou Nelinho do time alegando problemas físicos com o jogador.

O lateral ficou de fora da partida contra a Argentina, em Rosario, na qual, segundo ele, o Brasil ficou com medo de ganhar.

– Quando empatamos por 0 a 0, o Coutinho mostrou toda a sua insegurança ao escalar jogadores mais duros em vez dos mais técnicos, a melhor opção que a seleção dispunha para vencer os argentinos e conseguir passar para as finais.

Nelinho só voltou a jogar na partida contra a Polônia, quando marcou um gol de falta e o Brasil venceu por 3 a 1. Mas com a sus-

peitíssima goleada da Argentina sobre o Peru por 6 a 0, a seleção brasileira ficou fora da final. Os argentinos conquistaram o título e o Brasil terminou em terceiro lugar após vencer a Itália no jogo em que Nelinho fez o golaço que abriu este capítulo. O lateral voltou para casa como "campeão moral". De nada valeu. Nelinho disputou ao todo 24 jogos com a camisa da seleção e marcou seis gols. Seu último jogo pelo Brasil foi um amistoso contra a Polônia em junho de 1980.

Bola para fora do Mineirão

Em 1979, Nelinho foi tema de uma reportagem da Rede Globo. O repórter Carlos Valadares propôs um desafio para o lateral: queria ver se ele seria capaz de, com a força do seu chute, mandar a bola para fora do estádio do Mineirão. O jogador teria de chutar a bola por cima da marquise do estádio, a 35 metros de altura. Nelinho topou o desafio.

Vestindo a camisa 4 do Cruzeiro, Nelinho arriou as meias, pegou a bola com a mão perto de uma das laterais do estádio e se preparou para o desafio. Jogou a bola para o alto e chutou de primeira. Como um foguete a bola subiu, subiu, passou por cima da marquise do Mineirão e foi despencar do lado de fora do estádio.

Mudança de ares

Em 1980, Nelinho deixou o Cruzeiro para jogar por empréstimo no Grêmio. Ficou quatro meses no clube de Porto Alegre e foi campeão gaúcho naquele ano. De volta ao Cruzeiro, começou a ter problemas com a diretoria. Estava sendo acusado de estar velho e sem a mesma disposição para jogar. Ele ficou revoltado. Deixou o clube após 410 jogos e 105 gols marcados e foi jogar no maior rival do Cruzeiro, o Atlético-MG, contratado pelo presidente Elias Khalil. A mudança de ares lhe fez muito bem. Nelinho renasceu como jogador. Logo os gols de falta estavam de volta, desta vez fazendo a alegria da torcida atleticana.

Em seis anos jogando pelo Galo, Nelinho conquistou quatro títulos estaduais: 1982, 1983, 1985 e 1986. O Atlético-MG tinha um timaço, com destaques para o goleiro João Leite, o zagueiro Luizinho, o centroavante Reinaldo e o ponta-esquerda Éder, e não dava chances para o Cruzeiro chegar perto das disputas pelo título. Nos jogos contra o Cruzeiro, ele mostrava uma motivação ainda maior. Fez vários gols de falta contra o seu ex-clube. Ao todo, Nelinho jogou 274 partidas pelo Atlético e marcou 52 gols.

Jogo da despedida

Aos 36 anos de idade, sendo 21 como jogador de futebol, Nelinho anunciou sua aposentadoria em 1986. Lançou sua candidatura a deputado estadual pelo PDT mineiro. Nelinho achou que era a hora de procurar ajudar as pessoas sendo um político atuante. A mulher Wanda Brambilla era dona de uma academia de ginástica. As filhas Natalie, Manuella e Luanda poderiam ter o pai mais perto, e Nelinho começava a perceber que já não era o mesmo dos tempos de glória.

"Decidi parar porque estava me tornando um jogador comum. Já não conseguia realizar o que sempre foi o meu forte, as jogadas de ataque. Não quero cair no ridículo", anunciou, na época. Como ídolo das duas maiores torcidas de Minas Gerais não foi difícil para Nelinho se eleger deputado. Foram 15.426 votos que o levaram à Assembleia Legislativa Mineira.

– Tenho consciência de que quem me elegeu não foi a classe dos jogadores de futebol, que é talvez a mais desunida que existe. Quem me elegeu foram os torcedores, que gostam do jogador Nelinho.

Além de deputado estadual, Nelinho também trabalhou como comentarista esportivo no Sportv. Decidiu por fim se dedicar aos negócios da família ajudando a mulher na administração da academia em Belo Horizonte. Entre as lembranças do tempo de jogador,

Nelinho guarda as declarações do mestre Telê Santana, que foi seu técnico no Atlético-MG.

Telê participou como técnico do jogo de despedida de Nelinho em 1986. O jogador montou um time reunindo colegas do Cruzeiro e do Atlético para enfrentar uma seleção mineira. E marcou dois belos gols cobrando falta. Telê aplaudiu. "Realmente ele somou demais, inclusive com algumas condições e qualidades que poucos têm, principalmente como batedor de falta", disse Telê. "Talvez Nelinho tenha sido o melhor batedor de faltas do futebol brasileiro."

Aníbal Philot/Agência O Globo

Nas cobranças de falta, o terror dos goleiros.

Arquivo/Agência O Globo

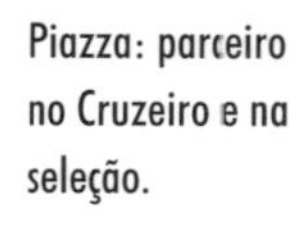

Piazza: parceiro no Cruzeiro e na seleção.

ENTREVISTA:

WILSON PIAZZA

"Nelinho foi um dos maiores chutadores que eu vi jogar. E olha que eu joguei também com o Rivellino."

Wilson Piazza foi o quarto-zagueiro do Brasil na conquista do tricampeonato mundial em 1970, no México. Era médio-volante de origem, mas acabou sendo improvisado na zaga para dar o lastro técnico à dupla de defesa que contava com o viril zagueiro Brito. Eficiente e elegante, Piazza era também o capitão do time do Cruzeiro que fez história no final dos anos 1960 e na primeira metade dos anos 1970. Foi o terceiro jogador que mais atuou pelo clube, com 566 jogos, entre 1964 e 1977, e sua história se confunde com a do próprio Cruzeiro.

Piazza foi um dos grandes incentivadores da carreira do lateral-direito Nelinho. O zagueiro já tinha a experiência do título mundial conquistado no México quando Nelinho chegou ao clube. O Cruzeiro era uma referência no futebol nacional. Tinha conquistado a Taça Brasil em 1966, quando derrotou o Santos de Pelé, ganhou um pentacampeonato mineiro histórico, de 1965 a 1969, contava com craques como Procópio, Tostão e Dirceu Lopes – além do próprio Piazza –, mas queria expandir ainda mais os seus horizontes.

Nos anos 1970, o Cruzeiro foi duas vezes vice-campeão brasileiro, em 1974 e 1975, também foi campeão da Taça Libertadores da América em 1976 e vice em 1977. Foi ainda vice-campeão mundial

naquele mesmo ano, perdendo a decisão para o Bayern de Munique, em 1976. Ganhou também outros cinco títulos estaduais.

O capitão cruzeirense conta que Nelinho teve importância fundamental nessa expansão de fronteiras dentro do futebol. "Ele era um lateral-artilheiro", destaca Piazza.

Qual foi a importância de Nelinho para o futebol brasileiro?
O Nelinho antecipou a figura do ala moderno. Ele fazia em 1974 o que os alas, os antigos laterais, estão fazendo atualmente nos jogos. Ele já mostrava essa característica do lateral que está em constante apoio ao ataque nos anos 1970. Nelinho sempre foi um lateral de características bem ofensivas. Fazia bem a marcação, mas o forte dele era a subida ao ataque para cruzar ou mesmo chutar no gol. O cruzamento dele era um passe. E os chutes eram fortes e cheios de curva. A diferença é que naquela época os times tinham apenas um cabeça de área que ficava responsável por dar cobertura ao lateral. E no Cruzeiro essa responsabilidade era minha.

Era muito difícil fazer a cobertura do Nelinho?
Era um pouco sacrificante porque ele toda hora estava lá na frente ajudando o ataque. Era preciso ter muita atenção e coordenação para a retaguarda não ficar desguarnecida. Mas acho que valia a pena, porque o time tirava proveito em ter um jogador com as características do Nelinho. Era uma arma mortal contra o adversário. E a gente não podia matar isso obrigando-o a ficar plantado na defesa, colado no ponta-esquerda do outro time. Nelinho tinha o talento nato para atacar. Apesar de o Cruzeiro ter pontas ofensivos, como o Roberto Batata e, posteriormente, o Eduardo Amorim, o Nelinho era um ganho a mais para o time. Hoje a função do ala é muito parecida com a que ele executava na nossa época. A diferença é que agora ficou muito mais fácil para o jogador apoiar, já que os times contam com dois ou até três cabeças de área para cuidar da marcação.

Você jogou em 1970 com outro grande lateral, o Carlos Alberto Torres. Quais as diferenças entre o estilo de jogo dele e do Nelinho?
Além de ter um potencial técnico elevado, o Carlos Alberto tinha a obrigação de ficar mais plantado na defesa e só ir "na boa" ao ataque. E até que ele apoiava bastante. Quem nunca podia subir era o lateral-esquerdo Everaldo. A função dele era compor a defesa comigo e com o Brito. Embora o Marco Antônio [o outro lateral-esquerdo convocado pelo técnico Zagallo para a Copa de 1970] fosse melhor tecnicamente, o Everaldo fazia uma função melhor para o esquema tático do time. Tínhamos sempre um ou dos jogadores a mais que o ataque adversário. Já o Nelinho era mais ofensivo que o Carlos Alberto.

Como era o chute do Nelinho?
O Nelinho foi um dos maiores chutadores que eu vi jogar. E olha que eu joguei também com o Rivellino. O Riva acho que até chutava mais forte, mas a bola chutada pelo Nelinho ganhava um efeito impressionante. Ela fazia uma parábola que enganava os goleiros.

Desde cedo ele mostrava a potência que lhe deu fama?
Eu levei um susto logo na primeira vez que joguei ao lado do Nelinho. O Cruzeiro foi fazer um amistoso em Arcos (MG) contra uma seleção amadora da região. O Nelinho era novo no clube e entrou no segundo tempo daquela partida. Teve uma falta do lado direito do ataque que seria ideal para um canhoto chutar. Aí aparece o Nelinho ajeitando a bola. Eu não sabia da potência do chute dele. Ele tomou distância e chutou forte, cheio de efeito. A bola fez uma curva e foi parar lá na gaveta, no lado onde estava o goleiro. Foi um golaço. Eu pensei: "Que cagada! Duvido que ele consiga fazer outro gol assim". E ele fez um monte ao longo da carreira.

Ele treinava muito essas cobranças de falta?
Treinava sim. Acabava o treino com o time e ele puxava aquela barreira de madeira para treinar. Em 1974, nos treinos da seleção brasileira,

o Nelinho treinava falta com o Leão. Ele armava a barreira, corria e chutava com força. O Leão ficava doido. Achava que o Nelinho tinha mexido na bola antes de chutar. O goleiro não se conformava em ficar tomando gol de falta nos treinos do Brasil. Já o goleiro reserva Wendell reconhecia o talento do Nelinho e até o aplaudia.

Vocês jogaram juntos naquela Copa do Mundo disputada na Alemanha. Como foi?
O Nelinho começou a Copa do Mundo como titular porque o Zé Maria estava machucado. Ele teve boas atuações, mas quando o Zé Maria se recuperou, acabou deixando o time.

Depois que o Nelinho chegou ao Cruzeiro, o time participou de decisões importantes. Foi vice-campeão brasileiro duas vezes, em 1974 e 1975. Como o Nelinho reagiu àquelas derrotas nos momentos decisivos?
Em 1974, fomos vice-campeões brasileiros perdendo a final para o Vasco. Posso dizer que fatores extracampo influenciaram aquela decisão. O campeão seria definido em um único jogo e, apesar de o Cruzeiro ter melhor campanha, marcaram a decisão para o Maracanã alegando que o gramado do Mineirão tinha sido invadido por torcedores e, por isso, o mando de campo seria invertido. A parte psicológica do nosso time foi muito influenciada. Tínhamos conquistado em campo o direito de decidir o título em casa e, na última hora, deram essa vantagem para o Vasco. Mesmo assim fizemos uma boa partida no Maracanã. O Nelinho marcou um golaço com um chute certeiro de fora da área, mas o Vasco acabou sendo campeão com uma vitória por 2 a 1. Já em 1975, pegamos aquele timaço do Inter. O Nelinho fez de tudo para tentar marcar um gol, mas o goleiro Manga estava inspiradíssimo. O Inter foi campeão com um gol do zagueiro Figueroa.

Vocês disputaram três Libertadores seguidas: 1975, 1976 e 1977. Ganharam apenas em 1976. Como foram essas campanhas?
Em 1975, a gente podia perder o jogo decisivo para o Independiente da Argentina por 2 a 0 para ir à final. Acabamos perdendo por 3

a 0. Foi um dos resultados mais vexatórios da minha carreira que não gosto nem de lembrar. No ano seguinte tivemos a chance de pagar a nossa dívida. Não dava para perder outra vez. Fizemos uma campanha perfeita e chegamos à final contra o River Plate, outro time argentino. E ganhamos por 3 a 2 com aquele gol famoso de falta feito pelo ponta-esquerda Joãozinho. Em 1977, perdemos o título para o Boca Juniors nos pênaltis. Foi azar.

Voltando a 1976, fale sobre a discussão que você e o Nelinho tiveram na hora de cobrar a falta contra o River Plate.
Naquela época não era preciso esperar o juiz apitar para cobrar uma falta. Quando o goleiro do River Plate estava armando a barreira, eu vi o Palhinha livre na área e quis rolar rápido para ele. O Nelinho pisou no meu pé e falou: "Deixa que eu vou bater. Eu vou fazer o gol. Deixa comigo". Eu queria mesmo assim rolar para o Palhinha e começamos a discutir. Daí o Joãozinho veio por trás e chutou para fazer o gol.

O Nelinho conseguiu a façanha de ser ídolo tanto no Cruzeiro quanto no Atlético-MG. Como foi essa troca de clube?
O Nelinho é uma pessoa de excelente caráter e a torcida sempre soube reconhecer isso. No Atlético ele encontrou outros grandes jogadores, como Toninho Cerezo, João Leite, Éder e Reinaldo. Sempre treinando muito e se dedicando com prazer àquilo que fazia. Foi um grande jogador.

Olivio Lamas/Agência O Globo

CAPÍTULO 5

WLADIMIR

Jogador que mais vezes
vestiu a camisa do Corinthians,
Wladimir viveu momentos
de angústias e glórias
sem jamais deixar
de sorrir.

Quando Wladimir Rodrigues dos Santos nasceu, no dia 29 de agosto de 1954, o futebol paulista vivia um momento especial. A cidade de São Paulo comemorava 400 anos de sua fundação e, por causa disso, o Campeonato Paulista daquele ano ganhou uma importância fundamental. O campeão do IV Centenário entraria para a história como vencedor de um título que valeria por 100 anos.

Enquanto o pequeno Wladimir engatinhava pelo chão da sala da casa da rua Dr. Alberto Seabra, na Vila Ida, zona oeste de São Paulo, o Corinthians fazia uma campanha belíssima naquele torneio que resultaria na conquista do título após um empate por 1 a 1 com o Palmeiras, no Pacaembu, já em 6 de fevereiro de 1955. Daquele time campeão, nomes como o goleiro Gilmar, o lateral-direito Idário, o centromédio Roberto Belangero, o apoiador Luizinho "Pequeno Polegar" e os atacantes Cláudio Cristhovam de Pinho e Baltazar "Cabecinha de Ouro" se eternizaram na galeria de grandes ídolos do Corinthians.

Se em 1954 o nascimento de Wladimir e a conquista do Corinthians como campeão do IV Centenário eram acontecimentos aparentemente sem nenhuma relação, 23 anos depois o destino do clube e do menino marcariam um encontro que corintiano nenhum jamais esqueceu. Muito menos ele. Em 13 de outubro de 1977, no gramado do estádio do Morumbi, em São Paulo, lá estava Wladimir de olhos bem abertos cabeceando uma bola que tinha batido no travessão, pronto para fazer um gol histórico. Quis o destino que a bola tocada por ele encontrasse um adversário no caminho e voltasse para o meio da área, onde estava Basílio – este sim, com um chute decisivo, fez o gol que desafogou um título entalado na garganta de milhões de corintianos.

Wladimir é uma marca registrada do Corinthians. Sua história se confunde com a vida gloriosa do centenário clube do Parque São Jorge. Além da coincidência de nascer no ano em que o Corinthians

conquistou um dos seus mais importantes títulos, ele viveu no clube três momentos marcantes da trajetória corintiana: a perda do título de 1974 para o Palmeiras, o fim do tabu com o título de 1977 diante da Ponte Preta e o movimento revolucionário da Democracia Corintiana, no qual foi um dos líderes, que resultou na conquista de mais dois títulos estaduais, em 1982 e 1983.

O currículo de Wladimir inclui meros sete jogos pela seleção brasileira, sendo apenas cinco contra seleções nacionais, nenhuma Copa do Mundo, nenhuma Copa América, nenhum histórico expressivo com a camisa verde e amarela. Para ele, isso não importa. O lateral fez do Corinthians a sua seleção.

– O Corinthians me deu a oportunidade de ter uma experiência profissional e projeção de vida – relata Wladimir. – Sempre quis ser um jogador de futebol e no Corinthians eu pude dar vazão a essa ansiedade. Foi um aprendizado maravilhoso.

Wladimir foi o jogador que mais vezes atuou pelo Corinthians. Foram 805 partidas, com 32 gols marcados. Já jogou machucado, com febre, doente, mas nunca deixou de lutar. Com uma regularidade impressionante, Wladimir foi sempre um jogador confiável. Nunca jogava mal. Jamais comprometeu o time. Foi um dos mais eficientes marcadores da posição de lateral-esquerdo que o Brasil já conheceu.

Infância na zona oeste de São Paulo

O lugar onde Wladimir viveu na infância tinha alguns resquícios do antigo Sítio do Rio Verde, cujo dono era um português. O homem deixou as terras como herança para as três filhas: Ida, Beatriz e Madalena. O sítio foi loteado e deu origem a três bairros da zona oeste de São Paulo: Vila Ida, Vila Beatriz e Vila Madalena. A região acabou se tornando famosa por concentrar a elite intelectual de esquerda paulistana nos anos 1970 e 80, e mais recentemente virou uma agitada região de bares e restaurantes para os jovens de classe média alta da capital paulista.

Nos tempos em que a Vila Ida era uma fazendinha, o pai de Wladimir, seu Benedito, era mestre de obras. A mãe, dona Diva, cuidava da casa que herdou do avô do futuro jogador. Wladimir e mais seis irmãos dividiam um espaço apertado. Sempre que possível, iam para a rua brincar e jogar bola. Por influência do pai, Wladimir torcia para o Santos. Naquela época, Pelé vivia o auge da carreira e fazia a torcida santista se multiplicar no país.

A casa onde moravam era bem simples. Wladimir compartilhava um dos sofás com um irmão. Outros dois dormiam em outro sofá, também na sala. Quarto, cozinha e banheiro completavam os cômodos. No quintal, a família cultivava uma horta e ainda tinha galos, galinhas, dois periquitos e uma cachorra chamada Pituca.

Wladimir e os irmãos não deixavam também de frequentar a missa na Igreja Nossa Senhora Auxiliadora, na região de Pinheiros. E foi jogando com a camisa azul e branca do time da igreja que Wladimir começou no futebol aos 10 anos de idade.

O menino franzino corria o tempo todo e já mostrava muita agilidade para roubar bolas e tocar rapidamente. Aquilo se tornaria o cartão de visitas de Wladimir. Na adolescência, Wladimir passou a jogar na várzea defendendo o Brasil da Vila Pompeia, outro bairro da zona oeste de São Paulo. O diretor do clube, Eli Castanha, viu potencial no menino que atuava como volante e meia-armador e o indicou para fazer testes no Corinthians.

O início de uma longa história

Wladimir chegou ao Parque São Jorge aos 16 anos, em 1970. Foi treinar nas categorias de base do clube. O começo foi difícil. Achavam Wladimir muito pequeno para jogar bola. Tinha 1,66 m e pesava menos de 60 kg. Não aguentaria o tranco com os adversários. O técnico dos juvenis, no entanto, sabia que tamanho não era documento no futebol. Os garotos do Corinthians eram treinados por Luiz Trochillo, o Luizinho "Pequeno Polegar", craque do time

campeão em 1954. Luizinho media 1,64 m e pesava apenas 54 kg nos tempos de jogador. E se deu bem encarando muito zagueiro brucutu.

Ele decidiu dar uma chance para Wladimir e orientou o garoto a nunca deixar a defesa desguarnecida. E o jogador correspondeu. Dois anos depois ele faria sua estreia no time profissional, aos 18 anos.

O primeiro jogo de Wladimir com a camisa do Corinthians foi no dia 1º de junho de 1972, contra o Besiktas, em Istambul, na Turquia, em uma excursão que o Corinthians fez pela Europa. O técnico Duque colocou o jogador no segundo tempo no lugar do lateral Pedrinho. Aos poucos, Wladimir foi sendo testado no time principal. Ainda pairava certa desconfiança sobre ele. A cobrança de jogar no Corinthians era grande e o lateral com cara de menino poderia sentir o peso da camisa. Mas Wladimir logo mostrou ser um jogador de muita personalidade.

O primeiro a perceber que o lateral tinha muito potencial foi ninguém menos que Roberto Rivellino, o astro do Corinthians. Rivellino "adotou" Wladimir nos primeiros meses do colega entre os profissionais. Como o lateral-esquerdo morava do outro lado da cidade e demorava muito tempo para chegar ao Parque São Jorge, Rivellino passou a dar carona para Wladimir. Saía de sua casa no bairro do Brooklin, na zona sul, seguia pela marginal do rio Pinheiros até entrar na região do Alto de Pinheiros, onde Wladimir morava. A bordo do Landau do tricampeão do mundo, Wladimir trocava ideias com Rivellino sobre futebol, o Corinthians e a vida.

Vítima de preconceito

Quando Wladimir começou a jogar, a Vila Ida deixou de ser um bairro afastado e, com o crescimento da cidade de São Paulo, passou a receber casas modernas e construções mais caras. O bairro valorizou muito e o conjunto de casas populares onde Wladimir morava passou a destoar da nova arquitetura. Meninas de família rica passaram a morar na região. Wladimir começou a notar que a vida lhe reservava alguns obstáculos difíceis de serem superados.

Um dos episódios mais tristes que Wladimir viveu no Corinthians aconteceu logo nos seus primeiros meses de clube. Depois de atravessar São Paulo para chegar ao treino na zona leste da cidade, Wladimir foi barrado na porta do Parque São Jorge. Tinha esquecido em casa a carteirinha de jogador do Corinthians. O responsável pela administração do clube social não liberou sua entrada. Segundo Wladimir, o homem quis mostrar poder em sua função e barrou o jovem atleta. Wladimir voltou para a Vida Ida revoltado. Jogou a sacola com a roupa de treino na cama e disse que nunca mais voltaria ao Corinthians.

Dona Diva percebeu a angústia do filho e logo lhe deu uma palavra de sabedoria. "Filho, se você não for mais lá só vai dar razão àquele homem. É justamente isso que ele quer. Volte lá amanhã e mostre que você pode ser um grande jogador". Três meses depois de ser barrado na portaria, Wladimir tornou-se titular do Corinthians.

Em entrevista à revista *Placar* em 1973, com apenas 19 anos, Wladimir já mostrava uma maturidade superior à de muitos jogadores. Ele falou, por exemplo, sobre a questão do preconceito racial dentro e fora de campo. Em poucos jogos como titular do Corinthians já tinha sido vítima de provocações de tom racista de alguns adversários. Mas o pior era na vida pessoal.

– Esse negócio de dizer que no Brasil não existe preconceito racial é pura bobagem. Eu sempre enfrento o problema. Perdi várias namoradas brancas porque os pais não me aceitavam. Se eu entro nas lojas me olham desconfiados. E passam a me atender bem depois que descobrem que eu sou jogador de futebol, com dinheiro para gastar – declarou Wladimir na reportagem.

Apesar de já ser um jogador profissional, Wladimir não descuidava dos estudos. Sabia que só com muito boa instrução poderia ter o seu futuro totalmente garantido. Ele sempre adorou ler. Quando menino, Wladimir teve a oportunidade de estudar em uma escola com uma proposta diferente em relação ao ensino tradicional. O modelo experimental de estudos levava os alunos a ter uma participação mais ativa na construção do conhecimento. Isso permitiu a Wladimir ter sempre gana por aprender cada vez mais.

Nas concentrações vivia com um livro no criado-mudo para ler nos momentos de insônia. Ao longo da carreira, entrou também em cursos que pudessem aprimorar a sua habilidade e agilidade. Fez capoeira e aulas de dança. Aumentou a rapidez das respostas aos movimentos das pernas e se tornou um exímio "ladrão" de bolas.

A derrota amarga

Em 1974, então com 20 anos de idade, Wladimir disputou a sua primeira final de campeonato com o Corinthians. O time fazia uma boa campanha no Campeonato Paulista e chegava como favorito para decidir o título contra o Palmeiras. Wladimir era o titular da lateral esquerda, enquanto o experiente Zé Maria, que naquele ano havia disputado a Copa do Mundo na Alemanha, marcava pelo lado direito. Brito, o zagueiro do tricampeonato, reforçava a defesa na proteção ao gol defendido pelo argentino Buttice. Lance era o centroavante do time, e o grande astro do Corinthians era Rivellino.

Para decepção da torcida corintiana, maioria entre os 123 mil pagantes que lotaram o estádio do Morumbi, o Palmeiras foi campeão ao vencer por 1 a 0, gol de cabeça do atacante Ronaldo. Os jogadores do Corinthians foram crucificados após aquela derrota. Rivellino foi apontado como um dos culpados por uma suposta apatia demonstrada em campo.

O camisa 10, grande amigo de Wladimir, foi mandado embora do clube. Outros jogadores também saíram. Wladimir foi poupado, assim como Zé Maria. O lateral-esquerdo foi eleito o melhor jogador da posição no país naquele ano e merecia um voto de confiança.

A invasão do Maracanã

Com Wladimir e Zé Maria no time, o Corinthians ganhou uma estrutura sólida na marcação dos pontas adversários. Na "reconstrução" do time após a derrota de 1974, os dois jogadores viraram pontos de referência. O Corinthians foi evoluindo. Se não tinha mais um craque do calibre de Rivellino, contava com jogadores disciplinados e que faziam da garra a maneira de superar as restrições técnicas. E tinham ainda um reforço importantíssimo: a fiel torcida corintiana.

Wladimir não esquece um dia mágico em sua vida: em 5 de dezembro de 1976, a torcida do Corinthians invadiu o Maracanã para apoiar o time em um duelo contra o Fluminense [para onde Rivellino tinha se transferido] no jogo que definira um dos finalistas do Campeonato Brasileiro daquele ano.

Milhares de corintianos viajaram até o Rio de Janeiro, passaram o dia em Ipanema e Copacabana e no final da tarde lotaram o Maracanã. Caiu uma forte chuva na hora do jogo que teve um confronto emocionante. A partida terminou empatada por 1 a 1 e, nos pênaltis, o Corinthians venceu por 4 a 1. A equipe paulista passou para a final, mas perdeu o título ao ser derrotada pelo Internacional, em Porto Alegre. Wladimir mais uma vez ganhou o prêmio de melhor jogador de sua posição.

Fim do jejum

Em 1977, Wladimir finalmente sentiu o gosto de ser campeão pelo Corinthians. A campanha foi ao estilo que corintiano mais gosta: suada, sofrida, vivida intensamente jogo a jogo. Naquele ano, o Corinthians alternou atuações boas e ruins. Venceu o Palmeiras por 2 a 0, mas perdeu para o Guarani em pleno Pacaembu. Chegou à fase final precisando vencer três jogos difíceis, contra o Botafogo de Ribeirão Preto, que tinha como craque o jovem armador Sócrates, e os clássicos diante da Portuguesa de Desportos e do São Paulo. E o Corinthians venceu.

O clube chegou à decisão contra a Ponte Preta. O time de Campinas era a sensação do campeonato. Tinha como craque o meia Dica, que já havia jogado na Portuguesa, e o artilheiro Rui Rei. A Ponte Preta trazia ainda jovens jogadores de muito potencial, como

o goleiro Carlos, os zagueiros Oscar e Polozi e os pontas Lúcio, pela direita, e Tuta, pela esquerda.

Tuta era irmão mais novo de Zé Maria. No duelo em família, o jogador da Ponte Preta acabou se sentindo intimidado diante da marcação do irmão famoso e foi anulado pelo lateral-direito corintiano. Do outro lado, Wladimir precisou armar todos os gingados que aprendeu na capoeira para combater o habilidoso Lúcio. Enfrentar pontas dribladores não era segredo para um lateral que encarou jogadores como Edu Bala (Palmeiras), Terto (São Paulo), Gil (Fluminense e Botafogo), Valdomiro (Internacional), Nilton Batata (Santos) e, posteriormente, Tita (Flamengo) e Renato Gaúcho (Grêmio).

No primeiro jogo, Wladimir levou a melhor no duelo pessoal com o adversário. O Corinthians venceu a Ponte Preta por 1 a 0 com um gol quase sem querer de Palhinha, em que uma bola dividida com o goleiro Carlos bateu em seu rosto e entrou. Na segunda partida, com o Morumbi lotado e pronto para a festa, a Ponte Preta surpreendeu e venceu por 2 a 1. O trauma de 1974 ameaçava manter o jejum de títulos do Corinthians.

Foi preciso um terceiro jogo para definir o campeão paulista de 1977. A partida foi marcada para uma noite de quinta-feira, 13 de outubro, no Morumbi. Empurrado pela torcida, o Corinthians mandou na partida e ainda ficou em vantagem após a expulsão infantil de Rui Rei, centroavante da Ponte Preta. Mas o gol não saía. Faltando dez minutos para o fim do jogo, uma falta marcada na ponta direita mudou a história do clube.

Zé Maria bateu a falta na área. Basílio resvalou de cabeça e Vaguinho, na corrida, chutou para o gol. A bola bateu no travessão e voltou para o meio da área. Wladimir tocou de cabeça para o gol vazio, mas o zagueiro Oscar apareceu surpreendentemente e salvou. Basílio então completou para o gol aproveitando o segundo rebote. "Com certeza se aquele lance se repetisse dez vezes, em nove eu faria o gol", diz Wladimir. "Mas estava escrito que o Basílio é quem deveria ser o herói naquele dia."

Poucas chances na seleção

O técnico que levou o Corinthians ao fim do jejum foi o mestre Oswaldo Brandão. Carregado nos braços da torcida na festa da conquista de 1977, Brandão era também técnico da seleção brasileira. O treinador tinha bons jogadores como opção para a lateral esquerda do Brasil: Marco Antônio, do Vasco, Marinho Chagas, do Fluminense, e Júnior, que despontava no Flamengo.

Brandão não quis saber de chamar Júnior e resolveu incluir Wladimir na lista de nomes possíveis para a posição. O lateral do Corinthians participou de três amistosos contra adversários "não oficiais" – Flamengo, Internacional e Seleção Paulista –, e foi escalado por Brandão como titular no confronto contra a Colômbia pelas Eliminatórias para a Copa do Mundo de 1978.

O jogo foi no estádio El Campín, na altitude de Bogotá. A Colômbia não tinha expressão nenhuma no cenário do futebol sul-americano naquela época, mas fez uma partida duríssima contra o Brasil. Mesmo com jogadores extremamente importantes como Falcão, Rivellino, Zico e Roberto Dinamite, o Brasil não conseguiu furar a retranca do adversário. Wladimir teve uma atuação discreta. O jogo terminou empatado por 0 a 0 e o técnico Brandão foi demitido dias depois.

Cláudio Coutinho, que comandava o Flamengo, assumiu o cargo de treinador da seleção brasileira e Wladimir não foi mais convocado. Decepcionado, o jogador recebeu o apoio da torcida corintiana com uma faixa nas arquibancadas do Pacaembu: "Wladimir, o Timão é mais importante que a seleção".

Apesar de manter a regularidade nos anos seguintes, Wladimir só voltou a ser convocado em 1984, quando Edu Coimbra, irmão de Zico, foi chamado às pressas para ser técnico provisório do Brasil. Seguiu no time em 1985, como titular da equipe dirigida por Evaristo de Macedo. Mas quando o treinador foi demitido e Telê Santana assumiu o comando da seleção brasileira, Wladimir perdeu a briga com Júnior e Branco e não foi mais chamado. "Não tenho nenhum tipo de frustração por não ter sido muito aproveitado na seleção brasileira", diz Wladimir. "Pelo contrário, me considero um

atleta totalmente realizado por ter minha história vinculada à história do Corinthians."

Tempos de democracia

O caso de amor com o Corinthians tinha momentos de tensão. Principalmente na hora de renovação de contrato. As relações de trabalho evoluíram muito no futebol. Atualmente, o jogador assina contrato com o clube por um determinado período e, ao término deste prazo, está livre para negociar com qualquer outra equipe a sua transferência. A Lei 9.615/98, batizada de Lei Pelé, entrou em vigor no dia 24 de março de 1998 e determinou, entre outras coisas, o fim da "lei do passe", que na visão dos jogadores era quase uma escravidão.

Wladimir penou muito por causa da lei do passe. Na sua época, quando o contrato do jogador iria terminar, muitos clubes promoviam uma "canseira" no atleta. Os dirigentes não queriam ceder aos pedidos de aumento e, donos dos direitos do jogador, esticavam a negociação meses a fio. Em alguns casos, o atleta deixava de treinar e ia sendo tomado pela angústia da incerteza em relação ao futuro. Muitos cediam à pressão dos clubes e reduziam suas propostas fazendo contratos pouco vantajosos. Wladimir travou vários duelos com o presidente do Corinthians, Vicente Matheus. E perdeu a maioria deles.

Matheus foi um dirigente folclórico, a quem se atribuem frases do tipo "Agradeço à Antárctica pelas Brahmas que levou ao Corinthians", "Quem sai na chuva é para se queimar" e "Comigo ou sem migo o Corinthians será campeão". Espanhol naturalizado brasileiro, foi presidente do Corinthians por oito mandatos: 1959, 1972, 1973, 1975, 1977, 1979, 1987 e 1989. No final dos anos 1970, Matheus mostrou astúcia de comerciante ao contratar o jogador Sócrates, que iria trocar o Botafogo de Ribeirão Preto pelo São Paulo, e trouxe ainda um jogador pernambucano a quem chamou de "Lero-Lero", confundindo o nome do volante Biro-Biro.

Com os novos jogadores de Matheus, o Corinthians foi campeão paulista em 1979 em um novo confronto com a Ponte Preta. A conquista, no entanto, não teve um terço da importância na comparação à de 1977. Com a saída de Matheus e a eleição de Waldemar Pires como presidente do Corinthians, em 1981, o clube viveu um período que ficou conhecido como "Democracia Corintiana".

O movimento criado pelos atletas tinha Wladimir como um dos líderes, junto a Sócrates, Zenon e, no ano seguinte, o jovem Casagrande. Nesse movimento, os jogadores votavam todas as decisões relativas à rotina do time, tais como contratações, regras da concentração, entre outros, em uma forma de autogestão. Segundo Wladimir, os jogadores passaram a treinar com mais vontade e tomaram gosto por participar de tudo o que acontecia no clube.

O Corinthians ganhou dois títulos durante a Democracia Corintiana, o bicampeonato de 1982 e 1983, em ambos batendo o São Paulo na final. Em campo, Sócrates, Zenon, Casagrande e Biro-Biro tocavam o terror na defesa são-paulina enquanto Wladimir garantia a proteção na zaga pelo lado esquerdo. Fora de campo, os jogadores tomavam as próprias decisões com o incentivo do diretor de futebol Adilson Monteiro Alves.

Cinema e política

Durante a Democracia Corintiana, Wladimir pôde exercer mais ativamente atividades ligadas à política e à cultura. Entrou para o movimento negro, filiou-se ao Partido dos Trabalhadores, escreveu artigos para uma revista voltada à comunidade negra, fez campanha pelas Diretas Já e participou do filme *Olho mágico*, rodado na Boca do Lixo, em São Paulo. Em 1984, Wladimir foi eleito presidente do Sindicato dos Atletas Profissionais de São Paulo.

Em uma entrevista ao jornal *Folha de S.Paulo*, na época, o lateral-esquerdo colocou sua posição em relação à luta pela melhoria nas condições de trabalho dos jogadores de futebol:

– Eu acho que a falta de consciência profissional é o problema mais importante no futebol. Fico triste vendo garotos com 24, 25 anos jogarem fora a sua juventude na ilusão de se tornarem grandes

craques, com salários astronômicos, sonhando em chegar a Sócrates ou Zico. Não se preparam para outras profissões e, de repente, quando começam a cair, arrastam junto esposas e filhos, na trilha do desemprego e do subemprego. É preciso alertá-los para essa ilusão – disse Wladimir.

A saída do Corinthians

Quando Sócrates deixou o Corinthians e Casagrande foi jogar no São Paulo, em 1984, a Democracia Corintiana começou a minguar. Para piorar, os jogadores fracassaram no sonho de conquistar o até então inédito título brasileiro ao serem derrotados pelo Fluminense na semifinal do Campeonato Nacional. Wladimir começou a ficar isolado. Nas eleições presidenciais de 1985, Adilson Monteiro Alves concorreu para presidente e perdeu para Vicente Matheus.

O time foi reforçado por jogadores como Dunga, Hugo De León e Serginho Chulapa, mas foi eliminado precocemente do Brasileirão. Ainda em 1985, Wladimir foi cortado da seleção brasileira por Telê Santana. "Confesso que fiquei surpreso", disse na época. "Seleção? Nunca mais. Agora só vou me dedicar ao Corinthians." Nem isso ele pôde fazer. No final daquele ano, a diretoria corintiana achou melhor dispensá-lo.

Foi uma grande decepção para o jogador. Wladimir foi jogar no Santo André e viu seu novo time vencer o Corinthians em pleno Pacaembu. Achou tudo aquilo muito estranho. Jogou na Ponte Preta, equipe que enfrentara nas finais paulistas de 1977 e 1979, e voltou a jogar no Corinthians em 1987, como quarto-zagueiro. Mas ficou pouco tempo. Em 1988, Wladimir jogou pelo Cruzeiro e pelo Santos. Também atuou pelo Central de Cotia e pelo São Caetano.

Ainda quando era jogador, Wladimir trabalhou como administrador do estádio do Pacaembu. Foi também secretário de Esportes do município de Diadema e tentou se eleger vereador em 2008 pelo PC do B. Atualmente, é secretário de Esportes de São Sebastião. Wladimir

Arquivo/Agência O Globo

Wladimir: símbolo da raça corintiana.

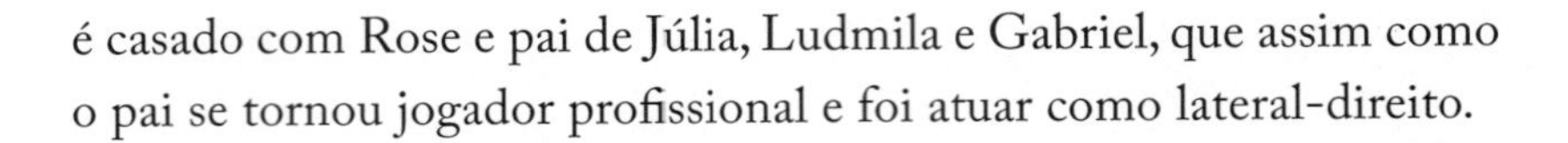

é casado com Rose e pai de Júlia, Ludmila e Gabriel, que assim como o pai se tornou jogador profissional e foi atuar como lateral-direito.

Um gol de placa

Wladimir marcou 32 gols em sua trajetória no Corinthians. Dois deles são inesquecíveis. Um ele fez contra o Atlético-MG, quando driblou vários jogadores e o goleiro João Leite. O outro foi um golaço de bicicleta que Wladimir marcou na histórica goleada do Corinthians sobre o Tiradentes do Piauí por 10 a 1, em 1983.

Foi um lance mágico. O lateral se meteu entre os zagueiros na grande área para receber o cruzamento de Paulo Egídio, o ponta-esquerda do Corinthians. A bola veio alta, atrás de onde Wladimir tinha se posicionado. O jogador soltou o corpo no ar e com a ginga de capoeirista lançou a perna esquerda contra a bola em uma velocidade surpreendente. A bola entrou no ângulo do gol de entrada do Estádio do Canindé. A torcida do Corinthians não cansou de aplaudir. E até hoje bate palmas para Wladimir, o lateral que parou o tempo.

ENTREVISTA:

BASÍLIO

"Wladimir funcionava como um relógio. Você nunca o via jogar mal uma partida."

João Roberto Basílio ficou famoso por fazer o gol do título histórico do Corinthians em 1977, quando derrotou a Ponte Preta por 1 a 0, no estádio do Morumbi, em São Paulo, e colocou fim a uma agonia de 23 anos sem títulos do clube. O pé salvador de Basílio apareceu na hora certa e mandou para o gol uma bola que insistia em não entrar, depois de ter batido no travessão, em um chute do atacante Vaguinho, e de ser salva em cima da linha por um adversário após uma cabeçada de Wladimir.

O gol valeu a Basílio o apelido de "Pé de Anjo" e consagrou o jogador como ídolo eterno da torcida corintiana. Ganhou alcunhas de "escolhido", "predestinado", "pé-quente", "talismã". Curiosamente, se Wladimir tivesse acertado aquela cabeçada que o zagueiro Oscar, da Ponte Preta, evitou que fosse para o gol, Basílio não estaria dando entrevistas quase que diariamente, mais de 30 anos depois daquele jogo.

Basílio e Wladimir são até hoje grandes amigos. Em outubro de 2009, os dois foram ao Corinthians para colocar os pés nos moldes de cimento que formarão os blocos de concreto para a "Calçada da Fama" do Parque São Jorge. Eternizaram suas marcas no memorial do clube. Ambos compartilham, entre outras coisas, o carinho da Fiel. Alcançaram uma popularidade que o tempo não apaga. Ao contrário, torcedores que acompanharam a conquista de 1977 souberam passar para as gerações seguintes o verdadeiro significado daquela conquista. Hoje em dia, ganhar o Campeonato Paulista não tem lá grande importância, os torcedores sonham em soltar o grito de campeão brasileiro, campeão da Libertadores, campeão do mundo.

Mas se perguntar a qualquer torcedor quais são os sentimentos que mais simbolizam o que é ser corintiano, ele dirá: luta, raça, superação, dor, sofrimento e êxtase. Foi assim a conquista de 1977. Foi assim o gol de Basílio. E a torcida nunca esqueceu seus heróis: Tobias, Zé Maria, Moisés, Ademir, Wladimir, Ruço, Basílio, Luciano, Vaguinho, Geraldão e Romeu.

Basílio, você ficou famoso por fazer o gol que o Wladimir não fez. Já falou com ele sobre isso?

Quando teve a festa dos 25 anos da conquista de 1977, eu e o Wladimir saímos para jantar com as nossas esposas. Eu então

Marcio Arruda/Agência O Globo

Basílio contra a Ponte Preta: "pé de anjo".

cheguei para ele e falei: "Wlad, me explica uma coisa: aquele gol era muito mais fácil para você fazer do que para mim. O Vaguinho tudo bem, ele correu atrás da bola que eu desviei do cruzamento do Zé Maria e ainda conseguiu acertar o travessão. Aí o gol se tornou mais fácil para você. O gol estava aberto à sua frente". Daí o Wladimir me explicou que quando a bola voltou em sua direção ele pensou: "Fiz o gol. Estou com os pés firmes no chão, é só cabecear no canto". O Wladimir disse que, no entanto, passou como um flash em sua cabeça que se ele girasse muito o pescoço para cabecear no canto poderia acabar jogando a bola para fora. Por isso cabeceou em linha reta, no meio do gol. Aí apareceu o Oscar no meio do caminho e a bola bateu na cabeça dele. Eu então completei para o gol.

Aquele título é lembrado até hoje. Como é para você, o Wladimir e os outros jogadores serem lembrados da conquista três décadas depois?
É maravilhoso. Hoje os garotos novos que nasceram bem depois de 1977 sabem valorizar esses jogadores. Todos os títulos do Corinthians são muito respeitados, mas aquele ficou marcado por todas as circunstâncias que envolviam o clube, que não era campeão havia 23 anos. Quem acompanhou aquela conquista passa para filhos e netos a importância que teve. Eu e o Wladimir, por exemplo, voltamos a ser campeões paulistas com o Corinthians dois anos depois, em 1979, ganhando de novo da Ponte Preta na final. Mas não teve nem a metade da repercussão que o título anterior.

Essa idolatria será eterna?
Acredito que sim. Somos símbolos do Corinthians. Temos orgulho de ser reconhecidos na rua pela torcida. Hoje dá para dizer que só 30% ou 40% dos corintianos viveram a angústia dos 23 anos. O resto, a grande maioria, é de gente jovem que veio depois, viu o time ser campeão brasileiro, ganhar a Copa do Brasil e o Mundial de Clubes. A emoção vivida por aquela conquista é passada para as gerações seguintes. Talvez quando o Corinthians conquistar pela primeira vez uma Libertadores, a torcida possa viver uma emoção como aquela.

Qual foi o seu primeiro contato com o Wladimir?
Cheguei ao Corinthians em 1975, vindo da Portuguesa, e logo eu e o Wladimir criamos uma amizade que dura até hoje. A recepção dele foi excelente, e acabamos nos tornando companheiros de quarto nas concentrações do Corinthians. O Wladimir já era um cara bem sossegado, gostava muito de ler, não fumava e não fazia bagunça. Ele ajudou muito na minha chegada ao novo clube.

Naquela época, o Corinthians tinha acabado de perder o título paulista de 1974 para o Palmeiras. Como o Wladimir reagiu àquela derrota?
O clima estava pesado no clube. A pressão era muito grande depois que o Corinthians chegou à final e tinha o título praticamente ganho quando foi derrotado pelo Palmeiras [1 a 0, gol de Ronaldo]. O Rivellino foi embora e o presidente Vicente Matheus começou a reformular todo o elenco. Nesse novo planejamento, o Wladimir e o lateral-direito Zé Maria viraram as referências para os jogadores que chegavam.

Qual era a principal característica do Wladimir como lateral?
O Wladimir era um jogador diferenciado dos demais. Além dessa coisa de gostar muito de ler e estudar, ele fazia capoeira. Estava sempre interessado em aprender coisas novas. Em campo, funcionava como um relógio. Você nunca o via jogar mal uma partida. Sempre mantinha o ritmo a cada jogo e facilitava as coisas para os companheiros. Nunca fazia trapalhadas. Wladimir jogava fácil.

O estilo dele era muito diferente do Zé Maria?
O Zé Maria era um jogador com mais velocidade nas arrancadas, gostava de correr até a linha de fundo para fazer o cruzamento na área. O Wladimir jogava mais em diagonal quando ia para o ataque, e aparecia como uma boa opção para finalizar a gol. Por isso estava lá na área naquele lance de 1977. Wladimir fez até gol de bicicleta! Era também um excelente marcador. Por causa dessa coisa de fazer capoeira ele sabia como dar uma tesoura e roubar a bola do adversário sem cometer falta. Dava um bote certeiro e saía em pé com a bola dominada.

Você chegou a jogar durante o período chamado Democracia Corintiana. Qual era o papel do Wladimir naquele grupo? O goleiro Leão, por exemplo, dizia que aquela era uma democracia para poucos, referindo-se ao grupo formado por Sócrates, Casagrande e Wladimir. Você concorda?
O Wladimir era realmente um dos líderes da Democracia Corintiana. Ele sempre se interessou por política e era até criticado por isso. Diziam "ou você é jogador ou é político, não dá para misturar". Mas o Wladimir sabia levar bem essas críticas. E a maior prova disso é que a Democracia Corintiana deu resultado enquanto durou. O Corinthians foi duas vezes campeão paulista, em 1982 e 1983, e quase chegou ao tricampeonato [perdeu a final de 1984 para o Santos].

Na sua opinião, por que o Wladimir foi tão pouco aproveitado na seleção brasileira?
Nós pegamos uma geração de grandes jogadores como concorrentes a um lugar na seleção. Era muito difícil conseguir uma oportunidade. O Wladimir, por exemplo, tinha pela frente o Júnior, do Flamengo, e o Marinho Chagas, do Fluminense, quando jogou algumas partidas em 1977. Depois apareceu também o Pedrinho, do Palmeiras. Quando ele finalmente foi chamado, em 1985, a seleção passava por um momento conturbado. Para piorar, quando ele jogou, o Brasil perdeu [2 a 1 para o Chile, último amistoso de 1985 antes do início das Eliminatórias para a Copa do Mundo de 1986]. O técnico Evaristo de Macedo foi demitido, o Telê Santana assumiu e o Wladimir não foi mais chamado.

Então não adiantou muito ser um relógio?
Jogador quando chega na seleção tem que arrebentar. Mas a gente sabe também que, historicamente, os jogadores cariocas têm preferência na hora da convocação. Sempre foi mais fácil para quem joga nos clubes do Rio. Mas tudo bem. Jogar no Corinthians é mais difícil do que na seleção. E o Wladimir jogou muito.

Sebastião Marinho/Agência O Globo

CAPÍTULO 6

JÚNIOR

Craque nas laterais,
maestro no meio de campo,
astro nos gramados
e nas areias,
Júnior foi um
camaleão do futebol.

Com um físico incansável moldado nas areias de Copacabana, Júnior se tornou um dos jogadores mais completos do futebol brasileiro. Jogou como lateral-direito, volante e meia, mas foi na lateral esquerda que se destacou como um jogador moderno, com grande visão de jogo. Além de bom marcador, era capaz de surpreender a defesa adversária penetrando por entre a zaga. Também batia faltas com precisão. Júnior era um verdadeiro camaleão.

Não dá para dizer que jogar na lateral esquerda era o sonho da vida de Leovegildo Lins da Gama Júnior, nascido em 29 de junho de 1954, em João Pessoa, na Paraíba, mas um verdadeiro carioca da gema. Júnior gostava de armar jogadas, estar sempre em contato com a bola, organizar o jogo, correr incansavelmente pelo campo. Criado no Rio desde pequeno, Júnior aprendeu o lado positivo da famosa malandragem carioca. Gostava de praia, samba e futebol, mas sabia que só com muita dedicação e trabalho conseguiria alcançar suas realizações pessoais.

Dessa forma, Júnior aprendeu como ninguém a aproveitar as oportunidades que apareceram ao longo da vida. Ele começou tarde no futebol, ao conseguir ser aprovado em um teste no Flamengo já com 19 anos. Se a única posição disponível no time era a de lateral, lá foi Júnior agarrar a sua chance. Só precisava deste pontapé inicial para sua carreira decolar. Depois que lhe deram asas, o "canarinho" voou.

Júnior foi um dos raros exemplos de jogador destro a se destacar atuando pelo lado esquerdo do campo. Com muito treino de fundamento, aprendeu a usar bem a perna esquerda para efetuar cruzamentos e jogadas de efeito. Tinha forças para avançar ao ataque com a opção de ir à linha de fundo para cruzar na área ou entrar em diagonal, tabelando com os atacantes para aparecer de surpresa em condições de chutar a gol.

Foi assim que Júnior fez história no Flamengo em dois momentos distintos e de muito brilho. O primeiro foi de novembro de 1974 a julho de 1984, e o segundo foi de julho de 1989 a setembro de 1993. Revelado nos juvenis do clube, Júnior participou do timaço da segunda metade dos anos 1970 e início dos anos 1980, conquistando três títulos brasileiros nesse período. Atuou durante cinco anos na Itália e, ao voltar ao Brasil, foi campeão pelo Flamengo da Copa do Brasil e do Campeonato Carioca, em 1990, e novamente campeão nacional em 1992, como maestro de um time de garotos. No total, ele jogou 857 partidas com a camisa do Flamengo e marcou 73 gols.

Júnior fez parte da seleção brasileira que encantou o mundo na Copa de 1982, na Espanha, jogando como lateral. Disputou também a Copa do Mundo de 1986, no México, como jogador de meio de campo. Pela seleção, foram 74 jogos disputados e 5 gols marcados.

Nos tempos de Marinho Chagas

Quando Júnior estreou no time titular do Flamengo, em novembro de 1974, substituindo Humberto Monteiro durante um amistoso contra o Operário de Várzea Grande no Mato Grosso, o melhor lateral-esquerdo do país era o jogador Marinho Chagas. Cabelos loiros, pernas grossas, fôlego incansável, Marinho atuava no Botafogo e tinha sido titular da seleção brasileira na Copa do Mundo disputada naquele ano na Alemanha. Era um lateral que gostava de atacar o tempo todo, criava jogadas ofensivas de muito perigo, mas, ao mesmo tempo, deixava a defesa de sua equipe desguarnecida.

Foi o que aconteceu na última partida da seleção naquela Copa. Depois de Marinho Chagas perder uma bola no ataque e a Polônia marcar um gol na decisão do terceiro lugar do Mundial, o goleiro da seleção, Emerson Leão, perdeu a paciência com o lateral. O Brasil perdeu por 1 a 0 e os dois discutiram no vestiário e até saíram no tapa. A fama de irresponsável pegou e Marinho Chagas, apesar de ainda conquistar títulos em clubes como Fluminense, São Paulo e New York Cosmos, teve a vida marcada pela derrota para o alcoolismo e as drogas, depois que parou de jogar.

Ao contrário de Marinho Chagas, Júnior sempre fez da disciplina e da dedicação as suas armas. Sua ligação com o futebol começou ainda criança. O pai de Júnior, "seo" Leovegildo, era fabricante de mosaicos em João Pessoa, mudou de ramo e foi para o Rio trabalhar com tecelagem. Levou a família para a Cidade Maravilhosa: a esposa, dona Wilma, e os filhos Lino, Luiz Eduardo, Leovegildo Júnior e Leonardo. A turma foi morar no apartamento da avó de Júnior, na Rua Domingos Ferreira, em Copacabana.

Areias escaldantes

A paixão pela praia foi imediata. Com 9 anos, Júnior já dava os primeiros toques nas areias da "Princesinha do Mar". O menino também batia bola com os irmãos e os amigos do prédio depois que chegava da escola. A família apoiava o envolvimento dos meninos com o esporte, mas exigia muita dedicação ao estudo. O fato de morar tão perto da praia facilitava as coisas. Na adolescência, Júnior passou a integrar os times de "futebol de 11" que disputavam campeonatos acirradíssimos em Copacabana. Ele jogava pelo Juventus, time tradicional do futebol de areia carioca fundado em 1933 e que existe até hoje, com sede na Rua Figueiredo de Magalhães. Os campeonatos na praia ganhavam ampla cobertura dos jornais cariocas, os jogadores recebiam notas e as partidas chegavam a reunir até três mil espectadores.

Nos torneios, Júnior encontrava outros jovens moradores da zona sul do Rio que mais tarde se tornariam craques do futebol, como o zagueiro Edinho, o meia Paulo César Caju e o atacante Rui Rei. A vida na areia fez muito bem para a formação do atleta Júnior. Além de contribuir para que ele tivesse um condicionamento físico excepcional, os jogos na praia ajudaram a fortalecer a estrutura muscular de

Júnior, o que lhe permitiu jogar até os 39 anos de idade sem praticamente sofrer uma lesão séria ao longo de sua carreira. Além disso, o jogador desenvolveu uma grande habilidade para controlar a bola em um piso totalmente irregular.

Com 13 anos, Júnior recebeu um convite para jogar no time de futebol de salão do Sírio Libanês. Jogava de ala, uma função que lhe ajudou a desenvolver o senso de marcação. Ficou dois anos no Sírio dividindo o tempo com os jogos no futebol de areia. Passou pelo time de salão do Fluminense até que, em 1970, Júnior foi treinar nas quadras do Flamengo. Foi seu primeiro contato com o time pelo qual ajudaria a escrever a história do futebol. "Senti que ali era a minha casa", confessou.

Júnior ficou menos de um ano no futebol de salão do Flamengo. Lá, conheceu os garotos Adílio, Jayme e Júlio César que mais tarde seriam seus companheiros de time no futebol de campo. Acabou indo jogar salão no Centro Israelita Brasileiro, em troca de uma bolsa de estudos.

Hora de decidir o futuro

O tempo foi passando e Júnior começou a perceber que, como muitos jogadores do futebol brasileiro, estava fazendo de sua vida uma "enceradeira", dando voltas, voltas sem sair do lugar. Sua grande paixão era o futebol na praia, mas apesar de poder até ganhar dinheiro com isso, não teria uma vida profissional completa atuando na areia. O futebol de salão não o atraía tanto. Os estudos exigiam dedicação caso ele optasse por prestar vestibular e seguir uma profissão acadêmica. Era preciso dar um basta nisso.

O caminho natural seria o futebol de campo. Mas alguns episódios fizeram Júnior questionar se teria futuro nos gramados. Ele foi chamado para treinar no Botafogo. Logo de cara foi colocado para jogar na lateral. Disse que sua posição era meio-campista. O técnico Joel Martins insistiu que o único lugar disponível era ali, na beira do campo, correndo atrás de ponta. Júnior acabou não ficando.

Em seguida, fez um teste no Fluminense, clube do coração de seu tio Walter, o "Tio Vavá", que foi um dos precursores no desenvolvimento do vôlei de praia em Copacabana e jogador de vôlei de quadra. Incentivado pelo tio, Lino, irmão de Júnior, teve destaque na década de 1970 no vôlei de quadra e chegou até a jogar nos Estados Unidos. Júnior já tinha visto muitos jogos do tricolor no Maracanã e nas Laranjeiras, e achava que para fazer a alegria precisava arrebentar no Fluminense. Como não foi muito bem no teste, acabou desistindo.

A terceira tentativa foi no América. Ficou três meses em Andaraí. Um dia, não recebeu o dinheiro do ônibus para voltar para casa. O supervisor disse que quem morava em Copacabana não precisava de ajuda de custo. Indignado, Júnior nunca mais apareceu.

O Flamengo seria a última tentativa de Júnior. Se não fosse aprovado no teste, esqueceria essa coisa de futebol e iria fazer faculdade. Chegou até a passar no vestibular da Faculdade de Administração Cândido Mendes. Logo no primeiro dia no Flamengo, o técnico Modesto Bria perguntou se Júnior queria ser jogador ou guitarrista, por causa do cabelo "black power" que ostentava. Com personalidade, o jogador respondeu com uma atuação soberba no treino. Logo reencontrou os amigos Adílio e Júlio César, dos tempos do futebol de salão. Júnior assumiu um lugar no meio de campo, atuando com a camisa 8 dos juvenis do Flamengo. Estava à vontade. Mas a contusão do lateral-direito Garrido acabou levando Júnior para aquela posição, meio a contragosto. Um ano depois, Júnior estreava entre os profissionais do Flamengo na lateral direita.

Campeão logo de cara

Os cinco jogos em que entrou no segundo tempo foram suficientes para Júnior tomar a posição de Humberto Monteiro e se tornar o lateral-direito titular do time profissional do Flamengo. O time tinha jogadores experientes como o goleiro Renato, o lateral-esquerdo Rodrigues Neto, o volante Zé Mario, o meia Geraldo e o atacante Doval, e ainda a estrela Zico, então com 21 anos.

Nas finais do Campeonato Carioca de 1974, Júnior marcou gols em duas partidas contra o América. O gol que garantiu o título estadual daquele ano foi lindo, um chute certeiro do meio de campo que encobriu o goleiro Rogério e fez a crônica esportiva carioca lembrar do gol que Pelé "não fez" na Copa de 1970. Se Zico já despontava como o novo rei da Gávea, Júnior surgia como um fiel escudeiro para muitas conquistas.

Júnior ficou por dois anos como titular da lateral direita. Até que, em 1976, o Flamengo trocou alguns jogadores com o Fluminense. Na negociação, chegou o lateral-direito Toninho Baiano, jogador forte, de boa marcação e muito experiente. Sobrou para Júnior. A mando do técnico Carlos Froner, Júnior teve de mudar de posição. Foi deslocado para a lateral esquerda. Naquele mesmo ano, Júnior vestiu pela primeira vez a camisa amarela representando o Brasil no torneio de futebol dos Jogos Olímpicos de Montreal, no Canadá. Júnior foi escalado como meio-campista. Sua polivalência era ótima para os treinadores, que podiam sempre alterar a tática do time. E, para Júnior, garantia-lhe constantemente um lugar entre os 11 titulares.

Foi preciso um trabalho específico de fundamentos para Júnior aprimorar sua técnica adaptada ao lado esquerdo do campo. O jogador passava horas chutando bola com o pé canhoto contra um paredão após os treinos. Forçava os cruzamentos com o pé esquerdo. Teria de se tornar ambidestro na marra. O Flamengo começava a formar um timaço e Júnior não poderia ficar de fora. Ele chegou a perder a vaga na lateral esquerda para Wanderley, um jogador de boa marcação, mas limitado tecnicamente, e que, mais tarde, se consagraria como um dos maiores treinadores do futebol brasileiro adotando o nome completo de Wanderley Luxemburgo. Mas em 1977, Júnior voltaria a se firmar como titular decidido a se tornar um dos maiores laterais-esquerdos do país.

Naquele ano, o Flamengo perdeu a final do Campeonato Carioca para o Vasco em uma disputa por pênaltis. Ao lado de Zico, Júnior já era um símbolo do Flamengo, tinha identificação total com a torcida rubro-negra. Do outro lado, o goleador Roberto Dinamite se tornava um verdadeiro embaixador do Vasco. A rivalidade entre os dois clubes esquentou ainda mais quando Flamengo e Vasco voltaram a decidir o título estadual em 1978. Dessa vez, deu Flamengo, com o gol antológico do zagueiro Rondinelli na vitória por 1 a 0 no Maracanã. Júnior e Roberto Dinamite sempre se respeitaram, jogaram juntos na seleção, mas por causa da grande rixa entre os clubes, nunca conseguiram ser grandes amigos.

De fora da Copa na Argentina

O fato de não ter sido convocado para defender o Brasil na Copa do Mundo de 1978 foi a primeira grande decepção de Júnior no futebol. O técnico da seleção brasileira era Cláudio Coutinho, que também era técnico de Júnior no Flamengo. O lateral estava arrebentando nos jogos com seu clube, mas Coutinho optou por chamar na lista dos 22 convocados apenas um jogador da posição, o veterano Rodrigues Neto, e ainda inventou de improvisar o zagueiro Edinho na lateral esquerda. Foi um desastre.

O time do Brasil ficou capenga. Tinha dois bons laterais pela direita – Toninho e Nelinho –, mas carecia de um jogador eficiente pela esquerda. A seleção ficou em terceiro lugar naquele Mundial. Segundo Júnior, após a Copa, Coutinho lhe confessara o arrependimento por não tê-lo convocado.

Júnior fez sua primeira partida pela seleção brasileira em maio de 1979, um amistoso contra o Paraguai, no Maracanã. Era o início da formação da base do time que iria para a Copa do Mundo na Espanha, em 1982. Além de Júnior, Falcão, Zico, Sócrates, Toninho Cerezo e Eder atuaram naquela partida contra os paraguaios. O Brasil venceu de goleada: 6 a 0.

Ainda em 1979, Júnior ajudou o Flamengo a conquistar outros dois títulos cariocas [naquele ano, talvez o mais confuso da história do calendário do futebol brasileiro, houve duas edições do campeonato estadual do Rio]. O Flamengo confirmou ser o melhor time de futebol do país naquela época com a conquista do seu primeiro título

brasileiro em 1980, derrotando na final o Atlético-MG em uma partida histórica disputada no Maracanã.

Campeão da Libertadores e mundial

O Flamengo funcionava perfeitamente. Em alguns jogos, os atletas constataram que nas vezes em que Júnior apoiava o ataque, a defesa ficava desguarnecida. Se pelo lado direito o lateral Leandro podia contar com o apoio de Tita, que também ajudava na marcação, pela esquerda Júnior deixava uma avenida quando ia ao ataque. A solução foi criar um sistema muito bem treinado de cobertura: quando Júnior apoiava, o zagueiro Mozer cobria a lateral e o volante Andrade ocupava o espaço na defesa. Tudo automaticamente.

– Além de grande qualidade técnica, os jogadores eram inteligentes dentro e fora de campo – explica Júnior. – Raul e Carpegiani eram os mais experientes e passavam orientações que nos servem até hoje. O Zico, que era um craque, era de uma humildade em todos os sentidos. Tinha ainda o Júlio César e o Adílio, meus amigos desde moleque. Éramos como uma família. Quando um se desgarrava, o grupo puxava de volta.

Com essa união, o Flamengo encarou com bravura o desafio de disputar e conquistar os títulos da Taça Libertadores da América e do Mundial Interclubes no final de 1981. Júnior e companhia encararam três jogos que foram verdadeiras batalhas campais contra o Cobreloa, do Chile. O Flamengo venceu no Maracanã e, no jogo em Santiago, precisando apenas do empate para ser campeão, os jogadores levaram pedradas, foram caçados em campo, mas não se intimidaram, apesar da derrota por 1 a 0.

– Em várias partidas da Libertadores tivemos de usar mais o jogo físico do que o técnico, e o Flamengo sabia bem se moldar às situações. Se fosse preciso sair na porrada, a gente saía – diz Júnior.

O terceiro jogo foi disputado em Montevidéu e o Flamengo levou a melhor, vencendo por 2 a 0. Embalado, entrosado e motivado, o time atropelou o Liverpool no primeiro tempo da final do Mundial Interclubes, no Japão. Ganhou o jogo por 3 a 0 e escreveu seu nome entre os maiores clubes do mundo. Virou o ano e o Flamengo foi mais uma vez campeão, desta vez ganhando o segundo título brasileiro com uma vitória sobre o Grêmio, em Porto Alegre, em 25 de abril de 1982.

Seleção de ouro

No ano seguinte, Telê Santana assumiu o cargo de treinador da seleção brasileira. O time começou a ganhar um novo padrão tático que pôde ser testado para valer em uma competição que reuniu todas as seleções campeãs mundiais até aquela data (Brasil, Itália, Alemanha Ocidental, Uruguai e Argentina), com exceção da Inglaterra, que foi substituída pela Holanda, vice-campeã mundial de futebol em 1974 e 1978. O torneio foi batizado de Mundialito e disputado no Uruguai, país-sede da primeira Copa do Mundo, em 1930. A grande atuação do Brasil naquele torneio foi diante da seleção da Alemanha Ocidental, quando venceu por 4 a 1, de virada. Naquele jogo, Júnior marcou, de falta, o primeiro dos cinco gols que iria fazer em sua trajetória pela seleção brasileira.

Uma bem-sucedida excursão à Europa, com vitórias sobre a Inglaterra (1 a 0, no estádio de Wembley, em Londres), França (3 a 1, em Paris) e novamente Alemanha Ocidental (2 a 1, em Stuttgart) credenciou o Brasil como o grande favorito à conquista da Copa do Mundo de 1982. Júnior era titular absoluto da lateral esquerda e, apesar de o Brasil ter outros bons jogadores da posição naquela época, como Pedrinho, do Palmeiras, Wladimir, do Corinthians, e até mesmo Marinho Chagas, que em 1981 foi campeão paulista pelo São Paulo, nenhum torcedor questionava quem deveria ser o camisa 6 da seleção.

Júnior carimbou o passaporte para o Mundial ao fazer um golaço em mais uma vitória do Brasil sobre a Alemanha Ocidental em um amistoso, em março de 1982, no Maracanã. Foi um jogo duríssimo, assistido por 150 mil pessoas. A Alemanha tinha um timaço, no

qual se destacavam o capitão Paul Breitner, o zagueiro Uli Stielike, os meias Lothar Matthäus (em início de carreira) e Hansi Müller, e o atacante grandalhão Horst Hrubesch. O Brasil não conseguia penetrar a compacta defesa alemã, e ainda quase foi surpreendido quando o centroavante Hrubesch desviou de calcanhar um cruzamento da esquerda mandando a bola no ângulo. O goleiro brasileiro Waldir Peres fez milagre para impedir o gol.

Quase no fim do jogo, Júnior pegou a bola e avançou em diagonal. Lembrou dos tempos de pelada na praia e criou com o amigo Adílio, que foi titular do Brasil naquele jogo, uma jogada característica do *beach soccer*. Júnior passou para Adílio, que fez uma embaixadinha com a bola e tocou de volta por cima da zaga alemã. Júnior correu para a área para receber o passe e pegou de primeira, sem deixar a bola cair, estufando as redes do goleiro Harald Schumacher. O Maracanã foi ao delírio.

"Voa, canarinho, voa"

Antes da viagem para a Espanha, em 1982, Júnior se arriscou na carreira artística e lançou um disco com a música "Povo feliz", famosa pelo refrão: "Voa, canarinho voa/Mostra pra esse povo que és um rei". O samba embalava as reportagens que mostravam os gols da seleção brasileira e seguia como trilha sonora da campanha brasileira no país das touradas.

Ao som da música de Júnior, a seleção canarinho passou voando pela União Soviética (2 a 1), Escócia (4 a 1), Nova Zelândia (4 a 0) e Argentina (3 a 1). No jogo contra os argentinos, Júnior fez com outro colega do Flamengo, Zico, uma jogada semelhante àquela do golaço diante da Alemanha, no Maracanã. Ele passou a bola para o camisa 10 e correu por trás dos zagueiros argentinos. Zico devolveu no lugar certo e Júnior chegou a tempo de desviar com o pé esquerdo e tocar fora do alcance do goleiro Ubaldo Fillol.

– O Telê gostava que eu atacasse sempre. Ele me dava toda a liberdade para apoiar, e eu sabia que podia ir na boa porque o zagueiro

Luisinho estaria pronto para fazer a cobertura. E como eu e o Zico tínhamos uma grande afinidade em campo, era fácil executar essas jogadas. Era tocar a bola para ele e correr, porque já sabia o que o Zico iria fazer com ela – explica Júnior.

Homem não chora

No entanto, contra a Itália, na partida seguinte, esse tipo de jogada não funcionou. Os italianos fizeram uma marcação cerrada sobre Zico, que teve até a camisa rasgada por um adversário no primeiro tempo. E o lateral-esquerdo que surpreendeu a defesa adversária não foi o brasileiro Júnior, mas o italiano Antonio Cabrini. Foi dele o cruzamento perfeito para o primeiro gol do atacante Paolo Rossi logo aos cinco minutos de jogo. O Brasil empatou em seguida, gol de Sócrates, mas um passe errado do volante Toninho Cerezo deu origem ao segundo gol da Itália, novamente com Paolo Rossi. O Brasil foi para o vestiário perdendo por 2 a 1.

No dia seguinte àquela fatídica partida, em reportagem publicada no *Jornal da Tarde*, Júnior disse:

– Não consigo esquecer uma cena desse jogo. Quando a Itália fez o segundo gol, olhei para o Cerezo e ele estava chorando. Fiquei louco de raiva. Descontrolado mesmo. Fui até ele e disse: "Se você não parar de chorar agora, meto-lhe a mão na cara. Este é um jogo para homens". Perdíamos o jogo, tínhamos que empatar e olho para o lado e vejo o cara chorando. Isto não podia acontecer.

No segundo tempo, o Brasil conseguiu empatar o jogo com um belo gol de Falcão – faça-se justiça, com uma participação importantíssima de Toninho Cerezo na jogada, ao correr sem a bola para levar a marcação de três italianos e abrir espaço para Falcão chutar a gol. Mas a 15 minutos do final, Paolo Rossi fez o terceiro gol da Itália. Faça-se justiça novamente, Júnior teve influência neste gol.

A jogada que determinou a vitória da Itália e a desclassificação do Brasil começou em uma cobrança de escanteio pela direita do ataque italiano. Júnior ficou no primeiro poste. A bola foi desviada para fora

da área pela defesa brasileira, mas voltou em seguida num chute do meia italiano Marco Tardelli em direção ao gol. Rossi apareceu para desviar de Waldir Peres. O goleiro brasileiro ameaçou levantar o braço para reclamar com o árbitro de um impedimento de Paolo Rossi. "Quando olhei para trás, vi o Júnior ali, plantado. Nem reclamei", disse Waldir Peres.

Naquele dia, deu tudo errado para a seleção. Após o jogo, Júnior desabafou ao amigo Zico: "Galinho, a vontade que dá é de ir para a cama e dormir quatro anos, para só acordar na hora de poder desfazer essa injustiça".

A ida para a Itália

Júnior, Leandro e Zico logo se recuperaram da frustração pela derrota na Copa do Mundo. De volta ao Flamengo, fizeram uma campanha impecável e ajudaram a levar o time ao terceiro título brasileiro, em 1983, batendo o Santos na final. Nessa época, o futebol europeu começava a abrir espaço para jogadores brasileiros. Falcão já brilhava como o "Rei de Roma", e os clubes italianos passaram a assediar os craques que brilharam na Copa de 1982. Zico deixou o Flamengo e foi jogar na Udinese. Sócrates saiu do Corinthians e foi para a Fiorentina. Toninho Cerezo largou o Atlético-MG e foi se juntar a Falcão na Roma. Após se destacar em um torneio em Milão, na Itália, jogando no meio de campo, Júnior recebeu uma proposta para atuar no Torino.

A oferta era atraente. O jogador, aos 29 anos, teria condições de conquistar a independência financeira. Além disso, teve a garantia de que nunca mais precisaria ficar correndo atrás de ponta-direita. "Se fosse para jogar de lateral eu não teria ido. Mas o técnico do Torino, Gigi Radice, me queria no meio, armando as jogadas." Júnior assinou um contrato de três anos, foi para Turim e passou a descobrir os segredos da posição de meia-armador.

Sua adaptação à vida na Itália foi rápida, mesmo com o inverno rigoroso que encarou logo em sua chegada. Treinava com um casaco grosso, não saía na rua com o cabelo molhado e comprou um carro com tração nas quatro rodas para andar na neve. Aprendeu a falar italiano e passou a promover jantares em sua casa com os companheiros de time aos domingos após as partidas do Torino. Com Júnior no time, o Torino foi vice-campeão italiano na temporada 1984/85 e duas vezes semifinalista da Copa da Itália. O brasileiro também se destacou nos clássicos contra a Juventus de Turim, que tinha craques como o francês Michel Platini, o polonês Zbigniew Boniek, além dos campeões mundiais Antonio Cabrini, Gaetano Scirea, Marco Tardelli e Paolo Rossi.

A segunda Copa do Mundo

As boas atuações no Torino garantiram para Júnior um lugar no meio de campo da seleção brasileira que iria disputar a Copa do Mundo de 1986 no México. O Brasil tinha novamente o técnico Telê Santana no comando, e o sonho do treinador em repetir a equipe de 1982 se mostrou capenga. O goleiro Waldir Peres e o zagueiro Luisinho já não viviam boa fase e sequer foram convocados. Toninho Cerezo e Eder foram cortados na última lista antes da Copa. Leandro alegou que não queria mais jogar de lateral e não apareceu no aeroporto para viajar ao México. Oscar e Falcão estavam jogando mais com o nome do que com a técnica, e foram para a reserva. Zico tinha machucado o joelho e só poderia jogar a partir da metade da Copa.

Telê, então, determinou para Sócrates e Júnior, os mais experientes, e o zagueiro Edinho, que ficou como capitão do time, a missão de comandar os jogadores que passaram a integrar a seleção: o zagueiro Júlio César, o lateral-esquerdo Branco, os volantes Elzo e Alemão, e os atacantes Careca, Casagrande e Müller. O Brasil não fez feio naquela Copa, teve duas belas exibições contra Irlanda do Norte e Polônia, e só foi eliminado nas quartas de final pela França, nos pênaltis, após empatar o jogo por 1 a 1. No segundo tempo do jogo, Zico perdeu um pênalti que poderia ter dado a vitória ao Brasil. Sócrates

e Júlio César desperdiçaram suas cobranças na decisão por pênaltis. Júnior se machucou e foi substituído por Silas durante a partida.

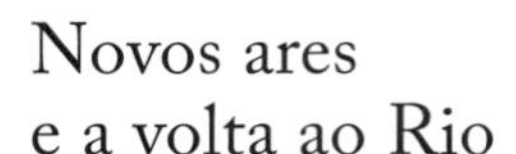

Novos ares e a volta ao Rio

Ao término do seu contrato com o Torino, Júnior foi jogar no Pescara, uma equipe menor, de uma cidade situada no litoral do mar Adriático. Ajudou o time na ambição de não cair para a segunda divisão e ganhou até um título de embaixador da cidade. Um dia, ao chegar em casa, Júnior foi questionado pelo filho Rodrigo, na época com 5 anos: "Pai, quando vou te ver jogando no Maracanã com a camisa do Flamengo?".

Foi a senha para começar a planejar a volta ao Brasil. Zico já tinha voltado e até sido campeão da Copa União em 1987. Júnior chegou à Gávea no segundo semestre de 1989, a tempo de atuar com o Galinho em algumas partidas antes de Zico deixar novamente o clube para jogar no Japão.

Com a saída de Zico, Júnior passou a ser o maestro do Flamengo e a comandar a nova geração de craques da Gávea, que tinha os zagueiros Júnior Baiano e Rogério, os meias Marquinhos, Marcelinho Carioca, Piá e Zinho, e o atacante Paulo Nunes. A cabeleira *black power* dos anos 1970 tinha dado lugar a um visual mais maduro, com bigode e cabelos grisalhos. Ele ganhou da imprensa o apelido de "Vovô Garoto". "Tive de me readaptar ao estilo do futebol brasileiro, mais cadenciado do que o italiano", conta Júnior.

O Flamengo foi campeão carioca e da Copa do Brasil em 1990 e ganhou o Campeonato Brasileiro de 1992 com Júnior fazendo gols nas duas partidas decisivas contra o Botafogo. Aos 38 anos, foi convocado para a seleção brasileira novamente. Disputou algumas partidas, mas ao sentir que não teria como chegar com fôlego à Copa do Mundo de 1994, quando teria 40 anos, disse ao técnico Carlos Alberto Parreira que era hora de dar chance aos mais novos. A última partida de Júnior pela seleção foi em um amistoso contra a Alemanha, em Porto Alegre. O Brasil venceu por 3 a 1. Com Júnior em campo, a seleção venceu todas as partidas que fez contra os alemães.

Júnior encerrou a carreira no futebol de campo em 1994, mas não largou a bola. Ainda na década de 1990, defendeu o Brasil nos campeonatos de futebol de areia, na volta às origens em Copacabana, conquistando 21 títulos. Tentou ser técnico, dirigiu o Flamengo e o Corinthians em passagens fulminantes, sem sucesso. Acabou se destacando como comentarista esportivo na televisão. Afinal, o camaleão Júnior conhece como ninguém os segredos do futebol.

Júnior: talento moldado nas areias de Copacabana.

Arquivo/Agência O Globo

Anibal Philot/Agência O Globo

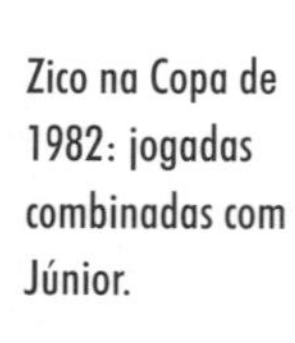

Zico na Copa de 1982: jogadas combinadas com Júnior.

ENTREVISTA:
ZICO

"Sempre foi muito fácil jogar com o Léo [Júnior]. Nós nos entendíamos só no olhar."

Zico dispensa apresentações. É como Pelé: não precisa de uma outra palavra que ajude a definir quem é a pessoa. Ninguém precisa falar "o jogador Zico", "o [agora] treinador Zico", e muito menos "o craque Zico". Primeiro porque Zico é sinônimo de craque, então seria um pleonasmo. Depois, porque Arthur Antunes Coimbra, o Zico, não é só um ex-jogador, ou um atual técnico de futebol, ou um ídolo eterno da torcida do Flamengo. Zico é Zico.

E uma das pessoas que ajudaram Zico a ser o que é foi Júnior. Os dois se conheceram na adolescência, em jogos de futebol de salão nas quadras do Rio. Passaram a jogar em parceria nas categorias de base do Flamengo e começaram a traçar uma trajetória bem parecida. Juntos, Zico e Júnior ajudaram a fazer do Flamengo o melhor time do país no final dos anos 1970 e início da década de 1980, quando foram campeões da Taça Libertadores da América e do Mundial Interclubes.

Ambos foram jogar no futebol italiano, Zico na Udinese e Júnior primeiro no Torino, depois no Pescara. Ganharam o respeito e a admiração dos italianos. Na seleção brasileira, viveram intensamente duas derrotas sofridas: para a Itália, em 1982, que eliminou um time em que eles próprios tinham gosto de jogar; e em 1986, para a França, nos pênaltis, num jogo em que Zico teve a chance de dar a vitória ao Brasil, mas desperdiçou uma cobrança durante a partida.

A longa convivência transformou os craques em "quase irmãos". A conversa em campo funcionava por telepatia: quando um pegava na bola, o outro já corria sabendo o que iria acontecer. Assim, criaram jogadas marcantes que resultaram em gols no Flamengo e na seleção. A torcida agradece essa simbiose.

Zico, em sua opinião, o Júnior foi um dos melhores laterais que você viu jogar? Quais as principais características que o diferenciavam dos demais?
Claro que foi. Por ser um jogador do meio-campo, o Léo [é como Zico se refere ao Leovegildo Lins da Gama Júnior]) tinha uma técnica e uma inteligência muito grandes para jogar. Muitas vezes ele era o armador das jogadas mesmo jogando de lateral-esquerdo. Foi só ele se adaptar à marcação e tudo ficou fácil.

Quando e como foi o primeiro contato de vocês? Ambos foram revelados nas categorias de base do Flamengo. Os jovens talentos encontravam boa estrutura para subir ao time profissional ou eram lançados "na fogueira"?
Nós jogávamos futsal, ele pelo Sírio Libanês e eu pelo Amarildo FC, de Santa Tereza. Meu time tinha esse nome em homenagem ao grande jogador Amarildo, do Botafogo e da seleção brasileira campeã do mundo em 1962. Fizemos belos duelos em jogos em que estava cada um em um time. Anos depois fomos nos juntar no Flamengo. Fomos lançados quando apareceram as oportunidades no time profissional. O Léo aproveitou muito bem a chance que teve. Começou como lateral-direito e depois passou para a esquerda, onde se consagrou.

Como era o seu entrosamento com o Júnior em campo?
Sempre foi muito fácil jogar com o Léo. Nós nos entendíamos só no olhar. Um já imaginava o que o outro ia fazer e aí era só se preparar para receber a bola. Treinávamos também muitas jogadas e, quando aparecia a oportunidade, era só realizá-las.

Como era a participação do Júnior fora de campo, nos treinos e vestiários? Ele era um dos líderes do time?
O Léo sempre foi muito sério no que fazia e só relaxava quando estava no pagode. Ele sempre foi um líder por isso. Dava exemplo com atitudes e não com muitas palavras.

Qual era a principal jogada que o Flamengo utilizava com o Júnior? Essa jogada foi importante nos títulos que o clube conquistou nos anos 1980?
Acho que os adversários demoraram muito a perceber que o Júnior muitas vezes era o armador do nosso time. Quando ele se metia pelo meio, o Mozer já estava pronto para cobrir a lateral e o Andrade fechava como zagueiro. E quando ele subia pela lateral, o cruzamento dele era um passe, o que facilitava para nós dentro da área. Posso citar, entre tantos lances, o primeiro jogo da decisão do Brasileiro de 1982. O Flamengo perdia para o Grêmio por 1 a 0 no Maracanã, quando aos 44 minutos do segundo tempo o Léo foi para o fundo e me viu entrando na área. Ele meteu a bola para trás, eu dominei e fuzilei o Leão, empatando o jogo. Deixamos tudo igual para o segundo jogo, que terminou 0 a 0. No terceiro e decisivo jogo, em Porto Alegre, ganhamos por 1 a 0, gol do Nunes, e fomos bicampeões brasileiros. Posso dizer que fizemos vários gols em jogadas como essa.

Por que, em sua opinião, o Júnior ficou de fora da Copa do Mundo de 1978? Se ele tivesse sido convocado, o Brasil poderia ter alcançado um desempenho melhor?
Isso só o técnico Cláudio Coutinho poderia falar. O que causou maior surpresa é que o Coutinho conhecia bem o Léo, não só por ser técnico do Flamengo como também por ter trabalhado com ele na seleção olímpica em 1976. Acabou optando por levar o Edinho, que era zagueiro, à Copa disputada na Argentina. Por ser um lateral-esquerdo de verdade e por toda a sua qualidade, com certeza o Léo poderia ter ajudado muito a seleção.

Na Copa de 1982 o Júnior foi um dos destaques do time. Como foi a combinação entre vocês naquele gol que o Júnior marcou na vitória sobre a Argentina?
Aquele foi um jogão. A vitória sobre a Argentina era muito importante, e o nosso entrosamento foi fundamental naquela partida. No terceiro gol, fizemos a jogada que um esperava do outro. Quando eu dominei a bola, ele já sabia que eu o tinha visto penetrando e aí era só questão de acertar o passe. Deu tudo certo.

Após a derrota para a Itália, vocês conversaram? Como foi a reação do Júnior à eliminação daquela Copa?
Conversamos até hoje sobre aquela partida. Naquele momento tudo era só desânimo e desolação pelo que sabíamos que se poderia fazer. Tínhamos um grande time, sabíamos da nossa força e respeitávamos nossos adversários. Mas a Copa do Mundo é isso: num dia em que as coisas não vão bem você acaba eliminado.

Na Copa de 1986, você estava machucado e o Júnior assumiu as funções de armador no meio de campo. Para você, ele era mais eficiente como lateral ou como meio-campista?
Acho que onde você o colocasse para jogar, ele seria um grande jogador. No meio de campo, lógico, você tem mais espaço, mais opções, e pode mostrar mais o seu valor. Na lateral, o talento dele muitas vezes ficava restrito àquela faixa de campo. Já no meio ele podia se soltar mais, se movimentar mais, e com a visão de jogo que tinha, suas jogadas eram mais observadas. O Léo podia desenvolver mais a sua criatividade. Além disso, cobrava faltas muito bem. Sem querer, eu acabei sendo um empecilho para ele nas cobranças de faltas. Depois que eu saí, ele passou a bater faltas com a maestria de um passe. Passou a treinar também e se tornou um dos grandes batedores de falta e de uma maneira própria, com uma curva que a bola ia saindo do goleiro.

Como você explica o fato de o Júnior ter se adaptado tão bem ao estilo de jogo e à vida na Itália?

Primeiro porque sempre foi um grande profissional e se cuidou fora do campo. Em forma, e com a qualidade e o talento que tinha, ele pôde desenvolver bem toda sua criatividade. Por ser um cara sério e ótimo profissional, os italianos o adoraram. Tudo isso permitiu ao Léo criar um ambiente positivo para viver bem junto à família dele na Itália.

Para concluir, qual é a importância do Júnior na sua vida?
Ele foi um dos grandes profissionais que tive a oportunidade de conviver. Criamos um laço de amizade e respeito muito grande. Aproveito para agradecê-lo pela paciência que teve comigo durante a Copa de 1986. Éramos companheiros de quarto na concentração da seleção brasileira no México. Em muitos momentos eu atrapalhei o sono dele, pois eu tinha que acordar quase todos os dias às seis horas da manhã para fazer meu trabalho de musculação com o preparador físico Moraci Sant'Anna e saía na ponta dos pés, tipo bailarino, para não fazer barulho e acordá-lo. Isso durou 30 dias. Foi difícil, mas deu tudo certo. Coisa de amigo, sabe como é.

Arquivo/Agência O Globo

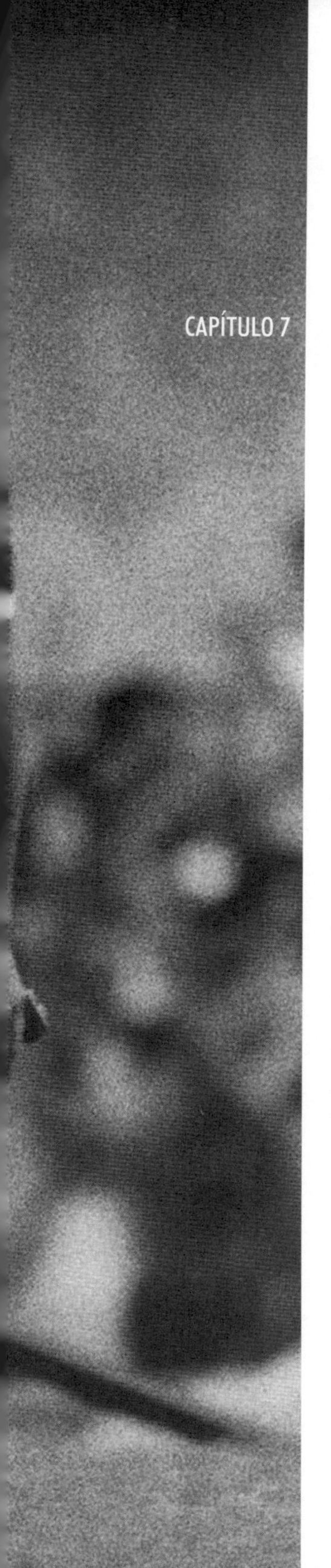

CAPÍTULO 7

LEANDRO

Um dos laterais
mais completos
que o Brasil já viu,
Leandro teve a carreira
marcada por glórias,
polêmicas e contusões.

Qualquer que seja a enquete promovida entre torcedores do Flamengo para relacionar os jogadores que fizeram história com a camisa rubro-negra, o nome de José Leandro de Souza Ferreira estará sempre presente ao lado de feras como Zico, Dida, Leônidas, Zizinho e Júnior.

Leandro também é presença obrigatória em qualquer lista dos melhores laterais do Brasil e, por que não, da história do futebol mundial. Tudo bem, ele não ganhou a Copa do Mundo que disputou, ao contrário de Djalma Santos, Carlos Alberto Torres, Jorginho e Cafu, mas Leandro mostrou ao mundo uma nova versão para a posição. Provou que um lateral não precisa necessariamente ser aquele homem de porte físico avantajado, chute forte, arremesso lateral potente e pulmão incansável.

É certo que Leandro também exibia essas características, mas fazia muito mais. Tinha uma visão de jogo apurada, sabia como ninguém a hora certa de subir ao ataque para surpreender o adversário e era um verdadeiro maestro na arte de cruzar as bolas para a finalização dos atacantes. Foi com Leandro no time que o Flamengo alcançou as suas maiores glórias: o terceiro tricampeonato estadual (1978, 1979 e outro especial, realizado também em 1979); três dos quatro títulos nacionais (1982, 1983 e a Copa União de 1987); a Taça Libertadores da América e o Mundial Interclubes, ambos em 1981.

Foi também com Leandro jogando com a camisa 2 que a seleção brasileira encantou a todos com o futebol apresentado na Copa do Mundo de 1982. O Brasil não foi campeão, mas os fãs do bom futebol agradecem até hoje tudo aquilo que o time de Sócrates, Zico, Falcão, Júnior e Leandro fizeram por amor à arte.

Jogador por acaso

A vida de Leandro como jogador de futebol começou meio que por acaso.

– Fui morar no Rio para estudar. Iria fazer o pré-vestibular no colégio Guanabara na Tijuca. Um dia, peguei um ônibus para ir à praia do Leblon. O ponto final ficava muito perto do Clube de Regatas do Flamengo. Então resolvi tentar a sorte no Mengão. Marcaram um treino no mesmo dia à tarde. Treinei com uma chuteira maior que meus pés e de lateral-esquerdo, posição que já vinha jogando pelo Santos de Iguaba, um time que se reunia de domingo a domingo. Me saí bem marcando dois gols, me chamaram para o segundo dia, para o terceiro... e eu fui ficando.

Leandro nasceu em Cabo Frio, o famoso balneário do litoral norte do estado do Rio de Janeiro, no dia 17 de março de 1959, ou seja, nove meses depois de o Brasil conquistar o primeiro título mundial de futebol, na Suécia. Pode-se dizer que a euforia vivida no país ao som de "A taça do mundo é nossa!" teve efeito direto na gestação de Leandro. O menino já nasceu apaixonado por futebol.

– A bola sempre foi minha companheira. Desde os 5 anos já frequentava estádio como mascote da Cabofriense, o time da minha cidade. Sempre fui louco por futebol e me metia em tudo quanto era pelada. Mas daí a jogar era outra coisa, pois era muito ruim e me deixavam sempre por último.

Leandro era um bom menino, um pouco tímido, é verdade. Estudou no Colégio Sagrado Coração de Jesus e chegou a ser coroinha da igreja. Mas o futebol também era, para ele, uma religião. Sempre que possível, ia jogar bola na praia, na várzea e nas quadras de futebol de salão, esporte hoje chamado de futsal. O menino ruim de bola na infância começou a pegar as manhas de como controlar a bola nos mais diversos tipos de campo. Leandro jogava na terra, no gramado, na areia ou no cimento com a mesma desenvoltura.

Aos 13 anos, aproximadamente, aprimorou sua habilidade para driblar em espaços reduzidos no futebol de salão. O esporte ajudou o jovem Leandro a perder a inibição e se impor diante dos adversários, e a ter segurança para acreditar no seu potencial de superar as adversidades. Com o futebol, Leandro deixou um pouco de lado a rigidez da educação católica e aprendeu a ser mais "desencanado".

E foi assim, como um jovem garoto do interior fluminense em busca de uma oportunidade na capital, que Leandro partiu para o Rio para prestar vestibular, entrar em uma faculdade e virar doutor. Mas o destino tinha outros planos para ele.

Chegada ao Flamengo

Soa até estranho dizer isso, mas o Flamengo, time de maior torcida no país, um verdadeiro patrimônio da cultura brasileira, que pode ser considerado parte da vida de cada cidadão, na verdade é um clube social e esportivo, com estatuto, endereço, CEP, telefone e e-mail. O Clube de Regatas do Flamengo fica na Av. Borges de Medeiros, n. 997, na Gávea, colado ao Leblon, às margens da Lagoa Rodrigo de Freitas, vizinho ao Jardim Botânico e, segundo o texto em seu site oficial, "aos pés do Cristo Redentor".

Foi a duas quadras dali que Leandro desceu do ônibus acompanhado de um primo quando estava prestes a completar 17 anos de idade. Decidiu tentar a sorte em um teste no Flamengo, clube do coração. Era o time do Zico, o seu grande ídolo, e não custava nada arriscar. Ele arriscou. Dois anos depois, já era titular do time.

O primeiro técnico de Leandro no time juvenil do Flamengo foi Américo Faria, que mais tarde teria um cargo na Confederação Brasileira de Futebol como supervisor. Não demorou muito para o treinador perceber que o garoto era um diamante quase lapidado. Mas tinha alguns vícios a corrigir. Faria aproveitou a fama de bom aluno de Leandro para lhe aplicar repetidas lições de fundamento. E Leandro colaborou.

– Apesar de nunca ter feito trabalho técnico em clube nenhum, eu treinava muito, sozinho, fundamentos como passes, domínios, cabeceios e até mesmo me proibia de jogar com a perna direita nas peladas para desenvolver a esquerda. No início ficava meio torto, depois

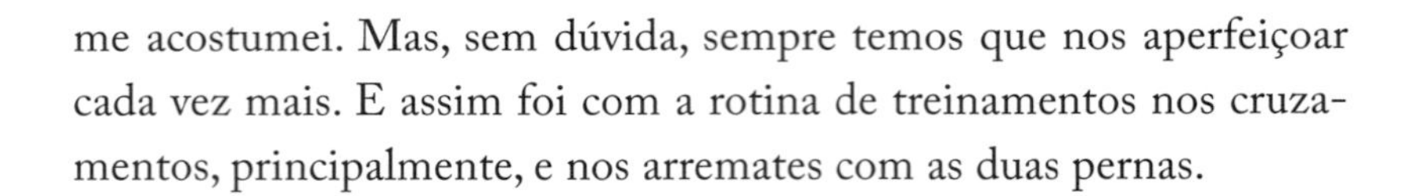

me acostumei. Mas, sem dúvida, sempre temos que nos aperfeiçoar cada vez mais. E assim foi com a rotina de treinamentos nos cruzamentos, principalmente, e nos arremates com as duas pernas.

A estreia como profissional

Em 1978, então com 19 anos, Leandro estreou no time profissional do Flamengo em um amistoso contra o América no estádio de Caio Martins. O técnico Cláudio Coutinho foi lançando aos poucos o seu lateral novato, colocando-o para atuar em amistosos contra equipes pouco expressivas como o Atlético de Alagoinhas, da Bahia, e as seleções das cidades de Ipiau (BA) e Nova Friburgo (RJ). Foi só um aperitivo para Leandro estrear como titular do Flamengo no Maracanã em um jogo contra o Palmeiras, no dia 5 de julho daquele ano.

Quando entrou em campo, Leandro não acreditou no que estava acontecendo. O sonho de menino tinha se tornado realidade.

– Vêm muitas coisas em sua mente. Os sonhos, as dificuldades... Olhava para a arquibancada e lembrava que outro dia eu estava ali como torcedor. De repente vi que era realidade pisar no gramado do maior estádio do mundo. Foi indescritível!

Na sua estreia no Maracanã, Leandro já queria deixar seu recado.

– Naquele jogo eu teria que marcar o Nei, um ponta-esquerda muito habilidoso do Palmeiras. As pessoas falavam para eu ter cuidado porque ele era muito rápido e arisco. No entanto, no segundo tempo, o Nei é que teve que me marcar. Foi ótimo.

O jogo terminou empatado por 1 a 1.

A primeira partida de Leandro atuando ao lado do ídolo Zico foi em 24 de setembro de 1978, uma goleada por 3 a 0 sobre o Bangu em Moça Bonita. Leandro não se tornou titular da lateral do Flamengo a partir daquele jogo. Seria mesmo prematuro promovê-lo tão cedo correndo o risco de "queimar" o jovem talento. O técnico Cláudio Coutinho sabia disso. O dono da lateral direita do Flamengo era o jogador Toninho, que tinha até sido levado por Coutinho para a

Copa do Mundo de 1978, na Argentina. Apenas em 1980 Leandro se tornaria o titular absoluto da lateral direita do Flamengo.

Barrado no Internacional

Em 1979, Leandro começou a sentir dores no joelho. Logo se descobriu que o jogador tinha um problema de formação das pernas, que eram mais arqueadas. Isso acabava acarretando uma sobrecarga nos joelhos. Para piorar, os jogos na praia e nas quadras de futebol de salão, na adolescência, acabaram forçando ainda mais as articulações. Precisou ser submetido a uma cirurgia.

Depois que Leandro se recuperou da operação, o Flamengo decidiu emprestá-lo ao Internacional de Porto Alegre. Além de Toninho, o time carioca contratou um lateral promissor, Carlos Alberto, que jogava no Joinville (SC). Leandro iria jogar no time que tinha acabado de ganhar o terceiro título brasileiro, teria a companhia de feras como Falcão, Batista e Caçapava e poderia retornar ao Flamengo com mais experiência.

Mas a passagem de Leandro por Porto Alegre foi instantânea. Ele foi reprovado nos exames médicos do clube gaúcho.

– Eu passei no primeiro exame médico, aí um outro médico que estava viajando quis fazer um outro exame, então me disse que não teria sequer mais dois anos de futebol. Saí dali arrasado, só tinha 20 anos. Voltei ao Flamengo e comecei uma luta comigo mesmo. Treinei mais e mais, cada dia mais para provar que podia jogar ali.

A primeira vez na Libertadores

Foi somente no final de 1980 que Leandro voltou a jogar pelo Flamengo. Com sede de mostrar serviço e provar que não era um jogador "bichado", como se insinuou após a recusa do Internacional, Leandro deixou as dores no joelho para trás e passou a conquistar o seu lugar na equipe. Logo se viu que o time

não precisaria mais dos serviços do veterano Toninho, e Leandro terminou o ano como titular da lateral direita. O jovem jogador logo aprendeu os conceitos futuristas do técnico Cláudio Coutinho, especialmente o *overlapping*, no qual o lateral ultrapassava o ponta-direita para receber a bola na linha de fundo.

Em 1981, o Flamengo foi disputar pela primeira vez em sua história a Taça Libertadores da América. O time já era famoso por ter a maior torcida do país, já tinha alcançado inúmeras glórias no seu passado, mas faltava ao clube uma grande conquista internacional. O ano não começou muito bem para o Flamengo, que foi eliminado do Campeonato Brasileiro com uma derrota para o rival Botafogo nas quartas de final. Em junho, começou o Campeonato Carioca e, no mês seguinte, o time estreou na Libertadores enfrentando o Atlético-MG, no Mineirão.

As duas equipes haviam decidido o título nacional no ano anterior, quando o Flamengo de Zico levou a melhor. Os mineiros queriam dar o troco. O primeiro jogo pela Libertadores terminou empatado por 2 a 2. Nos outros jogos do mesmo grupo, o Flamengo derrotou o Cerro Porteño do Paraguai com uma goleada por 5 a 2 e empatou com o Olímpia, também paraguaio, por 1 a 1.

Nos jogos de volta, o time encarou o Atlético-MG no Maracanã. O que era rivalidade se transformou em guerra declarada. A catimba e a violência tomaram conta do jogo. Os atleticanos tiveram cinco jogadores expulsos. O árbitro José Roberto Wright encerrou a partida aos 35 minutos do segundo tempo depois da expulsão do quinto jogador do time mineiro. O Flamengo foi declarado vencedor da partida, que estava empatada sem gols. Foi apenas um aperitivo do que ainda estaria por vir.

Na segunda fase do torneio, o Flamengo enfrentou o Deportivo Cali, da Colômbia, e o Jorge Wilstermann, da Bolívia. Passou fácil pelos dois e foi para a final jogar contra o Cobreloa, do Chile. A escalação do time é de fazer qualquer flamenguista chorar de saudades. Raul Plassmann era o goleiro. Leandro, voando em campo com 22 anos de idade, e Júnior eram os laterais. A defesa tinha Marinho e Mozer, e o saudoso Figueiredo como reserva. O trio do meio de campo dispensa comentários: Andrade, Adílio e Zico. Na frente, Tita e Lico abasteciam o centroavante Nunes. A equipe era dirigida por Paulo César Carpegiani, que naquele ano se aposentou como jogador para iniciar a carreira como técnico.

Para Leandro foi muito fácil se integrar a um time desses.

– Os mais jovens precisam de jogadores experientes para orientá-los. Eles têm que ter referências boas, e no Flamengo não faltava. O inteligente é aquele que observa e aprende com os mais experientes, não acha que já sabe tudo. O Flamengo era nossa segunda casa, com certeza éramos uma família – lembra Leandro.

Apesar de ter tantas estrelas reunidas, o Flamengo não tinha vaidade. Até mesmo porque, naquele tempo, jogador de futebol não ganhava tanto dinheiro quanto hoje. Zico era quem tinha o maior salário, com Cr$ 2,6 milhões. Nunes ganhava Cr$ 1 milhão. Os demais ficavam bem abaixo disso.

Campo de batalha

O primeiro jogo contra o Cobreloa foi no Maracanã. Estádio cheio, com mais de 94 mil pessoas. O Flamengo vinha jogando como uma máquina de fazer gols. A ideia era aplicar uma goleada sobre os chilenos para ir para a segunda partida, em Santiago, com uma boa vantagem. Mas os planos não saíram como esperado. Zico marcou dois gols, mas o Cobreloa descontou no segundo tempo com um gol de pênalti. Como disse Leandro:

– Podíamos ter facilitado as coisas para nós se vencêssemos a primeira no Maracanã por 3 a 0, no entanto, ganhávamos por dois e levamos um. Final 2 a 1, o que fez virar guerra lá no segundo jogo.

Em Santiago, o Flamengo aprendeu que o futebol-arte, em certas ocasiões, precisa ser deixado de lado. O Cobreloa precisava ganhar o jogo na marra, e para isso apelou para todo tipo de artifício. À noite um foguetório impediu os jogadores de dormir. No caminho para o estádio, todo tipo de ameaça foi feito contra o ônibus dos brasileiros. O vestiário foi cercado por policiais armados. O Chile vivia o auge da

ditadura do general Augusto Pinochet, e a conquista da Libertadores era questão de estado.

Em campo, o time entrou sob uma chuva de garrafas. O zagueiro chileno Mário Soto entrou em campo com uma pedra na mão. Com a conivência do árbitro uruguaio Ramon Barreto, os jogadores do Cobreloa abusaram da violência contra os brasileiros. Mario Soto acertou uma pedrada em Adílio, abrindo o supercílio do jogador. Em seguida, foi a vez de Lico ser agredido. Tita levou uma cotovelada na boca. O Flamengo tentava resistir à carnificina e garantir o 0 a 0 que lhe daria o título. Mas, faltando 11 minutos para o término do jogo, o Cobreloa fez o gol em uma cobrança de falta de Merello, que desviou justamente em Leandro e enganou o goleiro Raul.

Foi marcado, então, um terceiro e decisivo jogo para definir o campeão sul-americano, no Estádio Centenário de Montevidéu, no Uruguai, um campo neutro. Os chilenos já não teriam a torcida e a polícia ao seu lado.

– Sabíamos que pelo menos eles não teriam a segurança que tiveram em casa. Carpegiani colocou o Nei Dias na lateral e me colocou no meio de campo, pois Lico não podia jogar pela pedrada que levou no olho.

Com a bola rolando, o Flamengo era mais time. E Zico estava inspiradíssimo. Aos 18 minutos, fez o primeiro gol com um belo voleio. No segundo tempo, aos 34 minutos, ele aumentou para 2 a 0 cobrando falta.

O jogo estava ganho. O título estava garantido. Mas o Flamengo precisava ainda lavar sua honra. O técnico Carpegiani chamou então o atacante reserva Anselmo e lhe passou a seguinte instrução: “Entra lá e dá uma porrada na cara daquele Mario Soto!”.

O jogador seguiu à risca as ordens do treinador. Sequer tocou na bola. Na primeira oportunidade levou o zagueiro chileno a nocaute. Virou as costas e sequer esperou para receber o cartão vermelho. A vingança do Flamengo estava completa. Para Leandro, era apenas o início de um sonho mágico.

Campeão do mundo

O título da Libertadores foi conquistado no dia 23 de novembro de 1981. Quatro dias depois, o time seria abalado pela notícia da morte do ex-técnico Cláudio Coutinho, vítima de afogamento durante uma prática de mergulho.

Três semanas depois, o time disputaria o Mundial Interclubes diante do Liverpool, da Inglaterra, campeão europeu, em Tóquio, no Japão. Antes do jogo os ingleses já faziam a festa com a certeza da conquista. Ingenuidade menosprezar um time que acabara de vencer uma batalha sangrenta, e ainda empenhado em conquistar o título em homenagem ao mestre Coutinho. Bastou um tempo para Raul, Leandro, Marinho, Mozer, Júnior, Andrade, Adílio, Zico, Tita, Nunes e Lico destroçarem a empáfia britânica aplicando 3 a 0 com dois gols de Nunes e um de Adílio.

– Finalizava ali a maior conquista de um grupo de amigos pelo Flamengo: "Campeão Mundial Interclubes", bonito não é? O Flamengo não precisou de dois tempos para liquidar, bastou uma exibição de gala nos primeiros 45 minutos, para fazermos 3 a 0. Os japoneses não conheciam ainda a ultrapassagem do lateral. Foi então que no segundo tempo o Tita pega uma bola na ponta e eu grito: "Segura que vou passar!". Então acelerei e quando passei pelo Tita, ele tocou a bola e eu a alcancei bem na frente para o cruzamento. Quando escutamos o estádio fazer um ohhhhhh! foi engraçado e bonito ao mesmo tempo – relata Leandro.

Seleção brasileira

Antes mesmo das conquistas dos títulos da Libertadores e do Mundial Interclubes, Leandro fez sua estreia na seleção brasileira. O lateral-direito do Flamengo já se sobressaía em relação aos outros jogadores da posição. O técnico Telê Santana andava em busca de um jogador de fôlego incansável, bom marcador e, ao mesmo tempo, muito eficiente no ataque. Telê tinha abdicado de

jogar com um ponta-direita, era até alvo de piadas na TV [o humorista Jô Soares criou até um personagem-torcedor, Zé da Galera, que tinha como bordão a frase "Bota ponta, Telê!"], e precisava de alguém que pudesse ajudar a fazer as vezes do ponta.

Telê estreou no comando da seleção em junho de 1980, e já havia testado na lateral direita jogadores mais experientes, como Nelinho, do Cruzeiro, Getúlio, do São Paulo, e Perivaldo, do Botafogo, além do jovem Edevaldo, do Fluminense. O primeiro jogo de Leandro foi contra a Bulgária, em 28 de outubro de 1981, em Porto Alegre. O Brasil venceu por 3 a 0 e Leandro marcou o terceiro gol [ele já tinha feito outro minutos antes, anulado pelo árbitro].

O jogo foi no Olímpico, o estádio do Grêmio, mas para Leandro, o reencontro com Porto Alegre, já como titular da seleção brasileira, representou uma resposta aos homens do Internacional que acharam que a essa altura ele já teria largado o futebol por causa dos problemas no joelho.

– Não poderia ter sido melhor voltar a Porto Alegre dois anos depois da minha rápida passagem pelo Inter como titular da seleção brasileira e ainda fazendo gols.

Não satisfeito, Leandro daria outro show para os gaúchos na final do Campeonato Brasileiro de 1982, disputada no mês de abril. O Flamengo venceu o Grêmio por 1 a 0 na partida decisiva e conquistou seu segundo título nacional.

Copa do Mundo de 1982

Leandro se encaixou muito bem no sistema tático implantado por Telê Santana. O técnico levou para a Copa do Mundo de 1982, na Espanha, uma equipe altamente ofensiva, na qual os dois laterais, Leandro e Júnior (ambos do Flamengo), tinham papel fundamental no apoio ao ataque. Como não tinha um ponta-direita fixo, Leandro teria sempre a companhia de um jogador do meio de campo (Falcão, Sócrates, Zico ou Toninho Cerezo) para tabelar nas jogadas ofensivas.

Na estreia do Brasil contra a União Soviética, no Estádio Ramón Sanchez Pizjuán, em Sevilha, Leandro ficou com a incumbência de marcar o principal jogador do time adversário, o ponta-esquerda Oleg Blokhin. Com fama de bom driblador, rápido e inteligente, Blokhin, de origem ucraniana, tinha no currículo duas medalhas de ouro no futebol – nos Jogos Olímpicos de 1972 e 1976 – e havia conquistado o maior prêmio individual para um jogador, a Bola de Ouro da revista *France Football*, em 1975. Para piorar, a União Soviética marcou um gol aos 33 minutos de jogo em um chute de longa distância de Andreij Bal que o goleiro brasileiro Waldir Peres deixou passar em um "frango" histórico.

Logo no início do segundo tempo, Leandro executou uma de suas jogadas características. Ele recebeu a bola na intermediária pelo lado direito e, em vez de correr pela ponta, deu um drible no marcador em direção ao meio e chutou forte com o pé esquerdo. O goleiro Rinat Dasaev fez uma difícil defesa. O Brasil percebeu que arriscar chutes de longa distância seria o único caminho viável para romper a retranca soviética. Foi o que fizeram Sócrates, aos 30 minutos, e o ponta-esquerda Eder, a dois minutos do final da partida, para marcar os gols [e que golaços!] que determinaram a vitória brasileira por 2 a 1, de virada.

Passado o susto do primeiro jogo, o Brasil embalou naquela Copa do Mundo. Venceu a Escócia por 4 a 1 e goleou a Nova Zelândia por 4 a 0 na terceira partida da primeira fase. Naquele jogo, Leandro foi um dos melhores em campo. Ele deu os passes para Zico marcar dois dos quatro gols do Brasil.

A derrota no Sarriá

Com o mundo encantado pelo futebol-arte da seleção, o time caiu na segunda fase do Mundial em um grupo com a Argentina e a Itália. A vitória por 3 a 1 sobre os argentinos, ainda com Diego Maradona expulso, enlouqueceu os torcedores brasileiros. O time entrou no gramado do Estádio Sarriá, em Barcelona,

para jogar contra a Itália, em 5 de julho de 1982, precisando apenas de um empate para seguir adiante. O resto da história todos conhecem. A Itália venceu por 3 a 2, com três gols do carrasco Paolo Rossi. O Brasil teve de correr atrás do placar o jogo todo, fazendo o gol de empate por 1 a 1, depois o 2 a 2 e quase marcou o terceiro no último minuto, com uma cabeçada do zagueiro Oscar que o goleiro italiano Dino Zoff defendeu sobre a linha do gol.

Leandro explica a derrota.

– O time não relaxou hora nenhuma. Tínhamos um grupo de jogadores experientes, capitães em seus clubes, tarimbados. Nada iria tirar o nosso foco. Minha melhor atuação foi justamente na partida contra a Itália. Tentei fazer de tudo, fui ao limite físico para ajudar a reverter o resultado. Não foi o suficiente, infelizmente.

O que se viu depois do jogo foi a imagem do fracasso. Os jogadores não acreditavam no que estava acontecendo. O Brasil estava fora da Copa.

– O Juninho [zagueiro reserva da seleção], na volta de ônibus para o hotel, de repente, deu um grito e falou: "Me belisca gente, eu estou sonhando e quero acordar!". Era o desespero de não querer acreditar na realidade.

Segue o relato de Leandro:

– O que mais me confortou – e aí você vê o quanto é importante a presença de um pai se preocupando com seu filho – foi que, ao terminar a partida, no vestiário, eu me encontrei com seu Elisiário querendo me dar um abraço, um beijo. Não sei como ele furou os seguranças do estádio. Eu precisava muito daquele abraço e do beijo. Obrigado meu pai.

Força do guerreiro

Em 1983, Leandro foi de novo decisivo para o seu clube na conquista de mais um título brasileiro. O Flamengo foi campeão com uma vitória por 3 a 0 sobre o Santos, no Maracanã.

Leandro fez o segundo gol, de cabeça, aproveitando um cruzamento do amigo Zico. O Flamengo mais uma vez mostrava sua hegemonia no futebol brasileiro. Mas nem tudo era alegria para Leandro.

Naquele mesmo ano ele se separou da mulher Carla Beatriz, alguns meses depois do nascimento do filho Leandro Júnior. Abalado pelos problemas pessoais, ele abandonou a seleção brasileira durante a Copa América daquele ano. Leandro chegou até a pensar em abandonar o futebol.

– Temos que tirar lições de tudo que nos é apresentado em vida. Passei sim por depressão, tristezas profundas, mas o amor pela própria vontade de estar nos gramados e fazendo aquilo que você mais gosta, que é dar alegria aos seus torcedores, me fez superar tudo.

Mudança de posição

Para piorar, em dezembro de 1984, Leandro sofreu com a morte de um grande amigo, o zagueiro Figueiredo, vítima de um desastre de avião. O jogador esperava por Figueiredo em Salvador, onde passariam as férias. Coincidência ou não, após a morte de Figueiredo, Leandro passou a jogar efetivamente na posição do amigo. Com o surgimento de um novo lateral-direito vindo das categorias de base do Flamengo, Leandro mudou definitivamente de posição. Em 1985, chegava ao time profissional o lateral Jorge Amorim de Campos, o Jorginho, que havia sido campeão mundial de juniores pela seleção brasileira dois anos antes, em um time que tinha ainda jogadores como o volante Dunga, o meia Geovani e o atacante Bebeto.

Leandro tinha 25 anos e já não dispunha do mesmo pique para correr tanto o jogo todo como se exigia de um lateral. As dores no joelho de vez em quando pioravam e o jogador, com apurada técnica, logo se adaptou à zaga. Leandro fazia uma dupla afinada com o quarto-zagueiro Mozer.

As boas atuações no Flamengo levaram Leandro de volta à seleção brasileira. O técnico Telê Santana havia sido chamado às pressas

pela Confederação Brasileira de Futebol (CBF) para substituir Evaristo de Macedo no comando da equipe a tempo de montar um time e disputar as Eliminatórias para a Copa do Mundo que seria jogada em 1986 no México. Telê estava trabalhando na Arábia Saudita e não vinha acompanhando o que acontecia no futebol brasileiro. Assim, quando chegou, procurou remontar a base do time de 1982 com jogadores como Leandro, Oscar, Júnior, Cerezo, Falcão, Sócrates, Zico e Eder, e com o reforço de dois jovens jogadores, os atacantes Renato Gaúcho e Casagrande. Com tantos talentos reunidos, ficou fácil passar pela Bolívia e pelo Paraguai e classificar o time para a Copa.

Leandro fechou o ano de 1985 com um golaço de pé esquerdo no ângulo do goleiro Paulo Vitor, do Fluminense, no último minuto de um Fla-Flu pelo Campeonato Carioca.

A recusa de Leandro

No ano seguinte, no entanto, Leandro viveria os episódios mais conturbados de sua carreira. Em fevereiro, durante a preparação da seleção brasileira na Toca da Raposa, em Belo Horizonte, Leandro e alguns outros jogadores não respeitaram a ordem de voltar à concentração antes das 22 horas e embalaram na noitada. Ficaram até 2 horas da manhã em uma boate. Na volta, os jogadores pularam o muro da concentração e correram para os seus quartos. Leandro, no entanto, não conseguiu pular, tal era o seu estado. O amigo Renato Gaúcho, em solidariedade, ficou com ele. Os dois entraram pela porta da frente.

No outro dia, pela manhã, Telê entrou no quarto da dupla e disse: "Vocês dois estão cortados". O grupo pediu e o técnico voltou atrás. Na convocação seguinte, Leandro foi chamado e Renato ficou de fora. Leandro diz:

– Todos sabiam da briga entre os dois desde os tempos do Grêmio. O Renato foi cortado por indisciplina, não por deficiência técnica, pois estava numa fase ótima. Fiquei pensando muito e decidi ver

Sebastião Marinho/Agência O Globo

Na seleção, um dos melhores da posição.

o que iria acontecer, se o Telê iria convocar o Renato de novo, o que não ocorreu.

Além do corte de Renato, Leandro sofria muito com a obrigação de ter que jogar como lateral e atacar sempre. E o carinho e a admiração que o técnico Telê Santana tinha por ele o impediam de ter uma conversa franca com o mestre para expor o seu problema. O tempo foi passando e a situação só piorava.

– O Telê talvez tenha sido o melhor treinador com quem já trabalhei. Ele me incentivava muito. Gostava de bater bola comigo. Mandava eu atacar sempre. Quando as dores começaram a piorar e eu comecei a jogar na zaga, ele falava para mim: "Comigo não, comigo você é o meu lateral". Uma vez perguntaram para ele se iria aparecer outro Leandro e ele respondeu que só se fizessem um "xerox".

Na noite do dia 8 de maio de 1986, o titular da seleção brasileira, convocado para disputar sua segunda Copa do Mundo, se recusou a viajar com seus companheiros para o México. Leandro não apareceu para embarcar no Aeroporto do Galeão. Foi uma confusão. Seus colegas Zico e Júnior entraram em um táxi e correram para o apartamento do jogador, na zona sul do Rio. O presidente do Flamengo, George Helal, e o médico do clube, Giuseppe Taranto, também foram ao apartamento tentar demovê-lo da ideia.

Horas depois, Zico e Júnior voltavam ao aeroporto. "O Leandro não quer ir", disse Zico aos jornalistas. "Ele se acha culpado pelo corte do Renato e também não está satisfeito porque está jogando na lateral direita. Ele disse que só aceita voltar à seleção como zagueiro-central."

Leandro se justifica: "Errei por deixar de tomar uma decisão mais cedo, mas quanto à decisão não me arrependo. Sei que perdi muito com tudo isso, mas era o certo a fazer". Leandro foi cortado da delegação e em seu lugar Telê Santana convocou Josimar, lateral-direito do Botafogo. Por ironia do destino, o incidente acabou sendo bom para o Brasil. O lateral Edson Boaro seria o reserva de Leandro na Copa e se tornou titular depois que Leandro desistiu de disputar o Mundial. O Josimar entrou na vaga de Leandro para ser reserva do Edson, mas depois se tornou o titular durante a Copa, sendo um dos melhores jogadores, autor de dois golaços, um contra a Irlanda e outro contra a Polônia.

Atuando como zagueiro, Leandro ajudou o Flamengo a conquistar mais um título carioca, logo após a Copa do Mundo. No ano seguinte, foi destaque na conquista da primeira Copa União. No final de 1988, Leandro operou a fíbula para corrigir o famoso "mal de cowboy" [deformidade angular das pernas por má-formação, provocando um arqueamento das mesmas, clinicamente conhecida como *genu varo*]. Ele voltou a jogar somente em 1990, e logo depois encerrou a carreira.

Hoje, um dos maiores laterais da história do futebol brasileiro leva uma vida tranquila, administrando uma pousada em Cabo Frio, sua terra natal.

ENTREVISTA:
RAUL PLASSMANN

"Leandro foi um craque (...) Era muito difícil imaginar o que ele poderia fazer com a bola"

Raul Plassmann foi goleiro do Flamengo de 1978 a 1983. Era um dos líderes de uma das melhores equipes de futebol que o mundo já conheceu. Dava segurança à defesa e a tranquilidade necessária para que os jogadores de meio de campo, especialmente o trio Andrade, Adílio e Zico, pudessem armar as jogadas e determinar o ritmo do jogo.

Com Raul no gol, o Flamengo foi campeão carioca e brasileiro três vezes, ganhou ainda um título da Libertadores e um título do Mundial Interclubes. Revelado no São Paulo na década de 1960, Raul foi ainda jovem para o Cruzeiro, onde fez história. Ganhou a Libertadores de 1976 defendendo o clube mineiro e, quando percebeu que por mais talento que tivesse só seria chamado para a seleção brasileira se jogasse em um clube do Rio, decidiu ir para o Flamengo em 1978.

O goleiro não teve muitas chances na seleção brasileira. Ficou de fora das Copas de 1978 e 1982 mesmo estando em ótima fase. Decidiu encerrar a carreira em 1983 e ganhou do Flamengo uma bela homenagem com um jogo de despedida no final daquele ano. Leandro estava lá, sempre ao lado de Raul nas fotos oficiais do Flamengo com o time posado. Para Raul, Leandro foi tão importante e tão craque quanto Zico.

No ano em que chegou ao Flamengo, Raul conheceu aquele que foi, em sua opinião, o maior lateral-direito que ele viu jogar. Leandro era novinho, mas já demonstrava talento e personalidade de gente

grande. Quando se tornou titular absoluto da lateral direita, Leandro ajudou a facilitar o trabalho do goleiro da camisa amarela.

Quando Raul ficava com a bola nas mãos e via todo mundo bem marcado pelos jogadores adversários, era comum ele ouvir os berros de Leandro na lateral do campo. "Manda para mim, velho! Pode mandar que eu me garanto!", dizia Leandro. Mesmo marcado, o camisa 2 do Flamengo pedia sempre a bola. Se perdesse, daria condições ao adversário de ficar bem perto de marcar um gol.

Raul preferia dar chutões para a frente. Volta e meia, a bola voltava com o adversário partindo para cima da defesa do Flamengo. Foi assim, por exemplo, na final do Brasileiro de 1982 contra o Grêmio, no Estádio Olímpico, em Porto Alegre. O Flamengo fez 1 a 0 no início do jogo e teve de suportar o sufoco do time gaúcho. Quando o goleiro Raul pegava a bola, Leandro gritava para ele não dar chutões. Até que Raul decidiu mandar a bola para o lateral.

O goleiro deu um lançamento forte, meio torto. Leandro estava marcado, mas matou a bola no peito, dominou e a colocou no chão. Com toda naturalidade, se livrou da marcação e iniciou uma jogada para o Flamengo. "O Leandro tinha recursos de sobra", destaca Raul Plassmann, que hoje trabalha como comentarista esportivo. "Ele foi um monstro."

Qual é a sua opinião a respeito do lateral-direito Leandro?
Eu vou resumir a minha opinião sobre o Leandro em poucas palavras. Todo craque precisa de apenas uma ou duas frases para que se diga tudo sobre ele. Então eu digo que Leandro foi um craque do futebol brasileiro. Leandro foi o maior lateral-direito que eu vi e com quem tive o prazer de jogar.

Mas você jogou ao lado e também contra outros grandes laterais-direitos como Carlos Alberto Torres e Nelinho. Na sua opinião, o Leandro foi melhor que todos eles?
Eu não faço comparações. Só digo que Leandro foi um craque. Ele jogava por instinto. É uma coisa difícil de explicar. Era muito difícil

Arquivo/Agência O Globo

Leandro e o goleiro Raul: anos gloriosos. Em pé: Leandro, Raul e Marinho. Agachados: Tita, Adílio e Nunes.

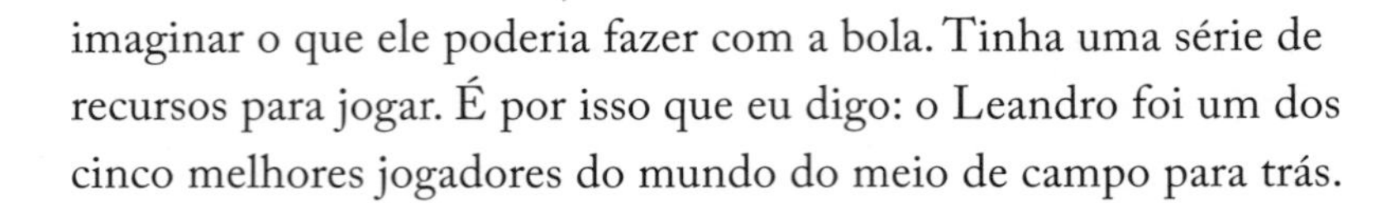

imaginar o que ele poderia fazer com a bola. Tinha uma série de recursos para jogar. É por isso que eu digo: o Leandro foi um dos cinco melhores jogadores do mundo do meio de campo para trás.

Quais as principais características que diferenciavam o estilo de jogo do Leandro dos demais laterais?
Habilidade e consciência de sua capacidade para a execução do seu trabalho.

Quando foi o seu primeiro contato com o Leandro?
Foi em uma excursão que o Flamengo fez para a Espanha em 1978. Fomos jogar aqueles torneios de verão e o Leandro foi como reserva do Toninho. Joguei a primeira vez com ele em uma partida contra o Real Madrid pelo Torneio Teresa Herrera. O Leandro entrou no segundo tempo.

Desde cedo já dava para notar que Leandro era um jogador com muito potencial?
Já sim. Ele já era tudo aquilo. O craque não melhora, ele já nasce pronto. O Leandro não precisou evoluir.

Leandro entrou no time que se tornou a melhor equipe do Brasil no início dos anos 1980. O Flamengo daquela época ganhou três títulos brasileiros, uma Libertadores e um Mundial Interclubes. Qual foi a importância do Leandro nessas conquistas?
O Leandro teve a mesma importância que o Zico.

Mas o Zico era o craque do time!
Eu repito, o Leandro foi tão importante e decisivo quanto o Zico. Podemos acrescentar o Júnior também nesta lista. Os três foram fundamentais.

Vocês enfrentaram uma verdadeira batalha nos jogos contra o Cobreloa nas finais da Libertadores de 1981. Como o Leandro reagiu àquela pressão?
O jogo em Santiago foi uma batalha. O Flamengo não sabia jogar aquele tipo de jogo. Os chilenos bateram muito. Para mim, aquilo não foi um jogo, foi uma guerra. Nós não perdemos na bola, perdemos no braço [o Cobreloa ganhou por 1 a 0 em um gol no qual a bola desviou em Leandro e enganou o goleiro Raul].

No jogo seguinte o Flamengo venceu e foi campeão. Vocês se sentiram vingados?
Cada jogo tem a sua história. Aquele no Chile a gente perdeu.

Como você viu a atuação do Leandro na Copa do Mundo de 1982?
Muita gente diz que aquela foi a melhor seleção brasileira de todos os tempos. O Leandro fazia parte dela. Ele foi um monstro.

Um problema crônico no joelho prejudicou a carreira do Leandro. Ele teve que deixar de jogar como lateral e passou a ser um zagueiro. Recusou-se até a disputar a Copa do Mundo de 1986 porque não queria ser lateral. Vocês conversavam sobre isso?
O Leandro nunca falou sobre os seus problemas. Naquele grupo de jogadores ninguém levava os problemas pessoais para o elenco. Todo mundo era autossuficiente. Leandro nunca deixou transparecer as dificuldades que tinha. Vivia seu drama calado.

Sebastião Marinho/Agência O Globo

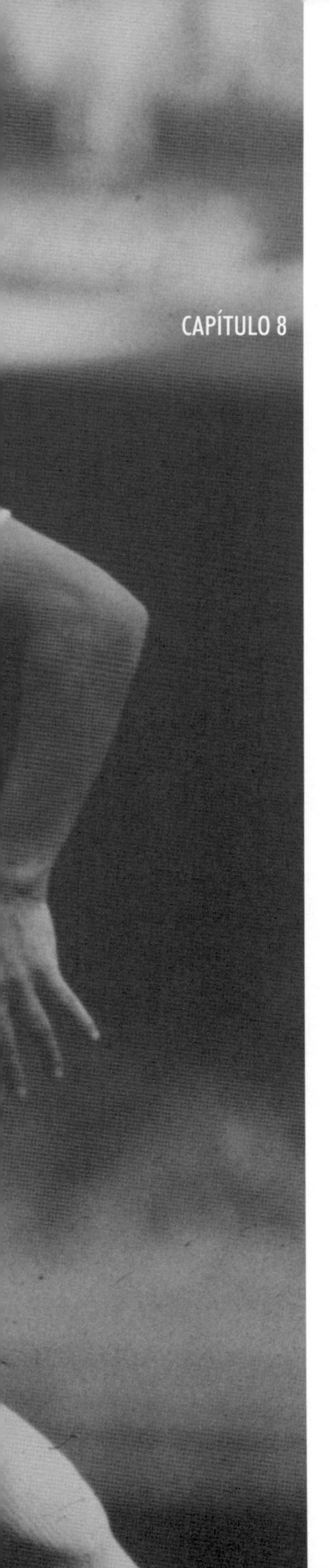

CAPÍTULO 8

BRANCO

Eterno batalhador,
Branco aparecia na hora
em que o time mais
precisava para mostrar
que amor à camisa
também ganha jogo.

Há quatro tipos de jogadores de futebol. Existe aquele que tem um talento muito acima da média e sabe acrescentar ao seu dom uma dedicação fantástica àquilo que faz: este é o craque. Tem outro que não possui habilidade e não encontra outros meios para compensar a falta de recursos: este é o perna de pau. Tem aquele que nasceu já com o dom de jogar bola, mas se acha tão superior aos demais que não treina, não corre e se esconde nas horas decisivas: este, sem dúvida, é o pior de todos. E, por fim, aquele que pode não ter tanta habilidade, mas joga com tamanha raça e amor à camisa que quando o time precisa de alguém com coragem para decidir uma partida, ele é o primeiro a se apresentar: este é o lateral-esquerdo Branco.

Ele nunca teve a elegância de um Nilton Santos, a malandragem carioca de um Júnior ou o prestígio internacional de um Roberto Carlos. Branco nunca ganhou um prêmio especial de melhor jogador. Jamais levou uma Bola de Prata, o prêmio concedido pela revista *Placar* aos craques de cada posição. Mas podem revirar os arquivos de jornais, os livros e varrer até a internet em busca de um episódio em que Branco tenha sido omisso, se acovardado ou, na gíria do futebol, "pipocado".

– Posso não ter sido o melhor nem um dos melhores, mas sem dúvida fui o mais determinado – justifica Branco. – Aprendi desde pequeno que é preciso lutar muito nessa vida para conseguir o que quer. Meus pais ralaram muito. Tiveram nove filhos. Um dos meus irmãos morreu no Exército. Eu, ainda moleque, ia levar marmita para o meu pai, que era o chefe da carpintaria da Prefeitura de Bagé, no Rio Grande do Sul. Com muito orgulho tenho em minha carteira de trabalho o registro do meu primeiro emprego como servente de pedreiro. Lutei muito nessa vida.

Branco pode ter sido ingênuo no episódio em que bebeu uma água "batizada" com tranquilizantes dos argentinos na Copa do

Mundo de 1990, mas ingenuidade nunca foi sinônimo de fraqueza ou falta de caráter. Ídolo do Fluminense, onde foi tricampeão carioca (1983/1984/1985) e campeão brasileiro (1984), Branco fez da seleção brasileira a sua "segunda pele". Em oito anos a serviço da seleção como jogador, Branco disputou três Copas do Mundo com uma dedicação acima da média.

Ainda jovem, foi titular do time de Telê Santana em 1986 e surpreendeu os mais céticos ao assumir sua posição com personalidade, a ponto de sofrer o pênalti que Zico acabou perdendo na partida contra a França. Ajudou o Brasil na conquista da Copa América de 1989, um título que o país levou 40 anos para comemorar. Teve boa atuação na Copa do Mundo de 1990, apesar do fiasco da equipe de Sebastião Lazaroni. E fez o país se ajoelhar a seus pés na Copa de 1994 quando tirou o Brasil de um grande apuro no jogo contra a Holanda ao marcar um golaço cobrando uma falta que ele mesmo cavou. A grande maioria achava que ele estava velho e acabado para o futebol. Branco provou o contrário. Foi o cala-boca mais elegante que um jogador já deu.

Por duas vezes, Branco foi um dos cobradores do Brasil em disputas por pênaltis. A primeira foi no mesmo jogo contra a França, em 1986. A segunda foi na final de 1994, contra a Itália. Em ambas ele mandou a bola para o fundo do gol. Branco nunca amarelou.

– Os melhores jogadores do mundo perderam pênaltis nas Copas. Zico, Sócrates, Platini, Baggio, Baresi: todo mundo perdeu. Eu posso dizer que fui campeão do mundo fazendo gol de pênalti na decisão. Hoje, olho para trás e vejo, admirado, tudo o que realizei. Fui titular em três Copas do Mundo. Joguei nos principais clubes do Brasil, joguei na Itália, Portugal, Inglaterra e até nos Estados Unidos. Sou, sem dúvida, um batalhador.

A origem do apelido

Claudio Ibrahim Vaz Leal nasceu em 4 de abril de 1964 e cresceu passando as tardes jogando pelada nas ruas de Bagé, no Rio Grande do Sul. Ainda era um adolescente quando ganhou o apelido de Branco. Ele jogava no time de futebol de salão do Aimoré. Era o único jogador branco em um time no qual até o goleiro era negro. O apelido pegou. A habilidade com o pé esquerdo fazia Branco se destacar nas partidas na quadra dura. Driblava em um pequeno espaço na ala esquerda e soltava um chute forte de canhota. Não demorou muito para ele trocar as quadras pelos gramados. Foi convidado a jogar no Guarany Futebol Clube, o Guarany de Bagé. Chegou à seleção gaúcha de juniores e foi campeão brasileiro da categoria.

Seu futebol agressivo despertou o interesse dos grandes clubes do Rio Grande do Sul. Grêmio e Internacional começaram a sondar o garoto. O Fluminense, no entanto, estava investindo em jovens talentos e foi ao Rio Grande do Sul contratar jogadores de "baciada". Além de Branco, o clube das Laranjeiras convenceu um trio de meninos dos juniores do Internacional a trocar Porto Alegre pelo Rio.

O volante Jandir, o meia Renê e o ponta-esquerda Tato, que jogavam no Inter ao lado de outra jovem promessa, um certo volante chamado Dunga, embarcaram para a Cidade Maravilhosa e passaram a dividir um apartamento com Branco no bairro de Botafogo. O paranaense Leomir se juntaria ao grupo mais tarde, também vindo do Inter. Era a "República dos Gaúchos".

A turma de amigos se encantou com a vida na zona sul do Rio. O apartamento vivia em festa. A síndica tentou reunir um grupo de moradores para exigir a expulsão dos atletas, mas a popularidade de Branco e companhia aumentava a cada dia.

Um novo esquadrão

Era o início de 1983, e o Fluminense começava a montar um novo esquadrão com o objetivo de acabar com a supremacia do Flamengo e reviver os momentos gloriosos da "Máquina Tricolor" dos anos 1970. O goleiro Paulo Victor, o zagueiro Duílio e o meia Delei ganhavam, além da companhia de Branco,

Leomir, Jandir, Renê e Tato, o reforço de uma dupla que fez história: Assis e Washington, vindos do Atlético-PR. Também chegava ao time profissional um zagueiro alto, talentoso e com jeito de líder: Ricardo Gomes.

Com um time muito entrosado, o Fluminense chegou ao triangular decisivo do Campeonato Carioca junto a Bangu e Flamengo. Empatou com o time de Moça Bonita por 0 a 0 e venceu o Flamengo por 1 a 0, gol de Assis, no finalzinho. Com a vitória do Flamengo sobre o Bangu no último jogo, o Tricolor foi campeão.

No ano seguinte, a diretoria do Fluminense reforçou o time com o paraguaio Romerito. O técnico Carlos Alberto Parreira chegou para comandar uma equipe que já estava praticamente pronta. Branco e Tato passaram a jogar juntos e formar uma ala ofensiva pela esquerda. Romerito se encaixou muito bem no time atuando mais pelo lado direito. No Campeonato Brasileiro de 1984, o Fluminense de Branco fez uma campanha perfeita, eliminando o Corinthians na semifinal e chegando à decisão contra o Vasco. Com um gol de Romerito no primeiro jogo e um 0 a 0 na segunda partida, o time conquistou pela primeira vez o título nacional.

No final do ano, o Fluminense estava novamente na decisão do Carioca, em um triangular com Flamengo e Vasco. O time não deu chance aos rivais. Branco anulou o ponta-direita Mauricinho no jogo em que sua equipe bateu o Vasco por 2 a 0. E também levou a melhor na partida decisiva contra o Flamengo, vencendo o duelo contra o jovem Bebeto. O Flu venceu por 1 a 0, gol de Assis. Em 1985, o tricampeonato seria coroado com uma vitória por 2 a 1 sobre o Bangu em uma final marcada por lances polêmicos e arbitragem confusa.

A primeira Copa do Mundo

A fase excepcional do Fluminense valorizou seus principais jogadores. Branco surgia como a grande revelação do futebol brasileiro na lateral esquerda. Em 1985, ele foi convocado pela primeira vez para a seleção brasileira dirigida pelo técnico

Evaristo de Macedo. Júnior, do Flamengo, estava na Europa atuando no meio de campo. Wladimir fazia boas apresentações no Corinthians e era o seu principal concorrente à vaga de titular.

Quando Evaristo caiu e Telê Santana foi chamado às pressas para comandar o Brasil nas Eliminatórias para a Copa do Mundo de 1986, Branco perdeu a vez. Telê quis montar a base do time de 1982 e Júnior foi escalado como titular da lateral esquerda. Com o Brasil classificado, Branco passou a fazer parte do elenco e acabou relacionado entre os 22 jogadores que iriam disputar o Mundial no México.

Nos treinos preparatórios para a estreia naquela Copa, Telê percebeu que os seus queridos craques da seleção de 1982 já não estavam com a mesma bola quatro anos depois. Leandro se recusou a viajar na noite de embarque ao México. Toninho Cerezo, Dirceu e Eder dançaram nos cortes que determinaram o elenco definitivo. Zico viajou machucado, Oscar e Falcão foram para a reserva. O Brasil precisava se renovar.

Telê Santana mudou o time radicalmente para a primeira partida daquele mundial. Branco, então com 22 anos, estava "voando" nos treinos. O mestre Telê decidiu então escalar Júnior no meio de campo, na vaga que seria de Zico, e colocou Branco como titular da lateral esquerda. Logo no primeiro jogo ele sentiu a emoção de representar o Brasil no campeonato mais importante do futebol.

– Eu não acreditava. Em 1982 eu era adolescente e estava chorando por causa da derrota do Brasil para a Itália. Quatro anos depois estava ali, jogando ao lado daqueles caras, o Sócrates, o Júnior, o Zico... – recorda.

O time ficou com uma defesa sólida, garantida pela proteção dos marcadores Alemão e Elzo, pela força física do zagueiro Júlio César pela experiência do capitão Edinho, e foi evoluindo a cada jogo. Bateu Espanha e Argélia por 1 a 0, goleou Irlanda do Norte e Polônia por 3 a 0 e 4 a 0, respectivamente, e se classificou para enfrentar a França pelas quartas de final.

"Deu branco em Zico"

Era o confronto entre as duas seleções que haviam apresentado o futebol mais brilhante quatro anos antes na Copa do Mundo de 1982. A França tinha Amoros, Giresse, Tigana, Rocheteau e Platini. O Brasil trazia Sócrates, Júnior e a dupla infernal de atacantes do São Paulo: Müller e Careca. O primeiro tempo terminou empatado por 1 a 1. O jogo disputado sob sol forte em Guadalajara esquentou ainda mais na segunda etapa quando Zico entrou no lugar de Müller.

Foi Branco quem passou a primeira bola para Zico assim que o camisa 10 entrou em campo. O lateral brasileiro estava no calor da partida, passou a bola para Zico e viu um espaço se abrir pelo lado direito do ataque brasileiro. Branco correu para receber a bola que foi lançada com efeito por Zico. Um passe perfeito. Branco apareceu livre de frente para o gol da França. Deu um leve toque com o pé esquerdo antecipando-se à chegada do goleiro Joel Bats. O arqueiro francês atropelou as pernas de Branco, que caiu na área. Pênalti.

Branco chegou a simular ter se machucado no lance, mas depois de se certificar que o árbitro tinha marcado o pênalti, ergueu os dois braços, sentado no gramado, e começou a comemorar. Alemão e Careca apareceram em seguida para abraçá-lo. Seria o gol da vitória. Não tinha como ser diferente. Zico, o melhor cobrador de pênaltis do país, estava em campo. Era gol na certa.

Zico não fugiu da responsabilidade. Ajeitou a bola, mas chutou mal. Disse que pensou em bater no canto direito do goleiro, mas na hora resolveu mudar para o canto esquerdo. O chute saiu muito próximo de Bats, que fez a defesa. O jogo seguiu empatado no tempo normal e na prorrogação, e foi para os pênaltis.

Branco não era um cobrador oficial de pênaltis, mas tinha mostrado bom desempenho nos treinos e se apresentou para bater. "A pior hora é quando você sai da fila de jogadores no meio de campo e vai andando até a área onde está o juiz para pegar a bola e cobrar o pênalti", confessou Branco, anos mais tarde. "Ali você só pensa um monte de merda, do tipo, se eu errar tô ferrado." Mas Branco não errou. A cobrança dele foi perfeita. Zico também acertou a sua cobrança: decidiu trocar a categoria do chute por um bico no meio do gol.

Mas Sócrates e Júlio César erraram suas cobranças e o Brasil foi eliminado. A França contou até com a sorte de o chute de Bellone bater na trave, voltar nas costas de Carlos e entrar. Branco chegou a reclamar com o juiz romeno Ioan Igna alegando que a regra não permitia validar um lance daqueles. Mas o juiz confirmou o gol. Naquela semana, a revista *Placar* estampou a manchete: "Deu branco em Zico", com uma foto de Branco sendo derrubado na área no lance que originou o pênalti.

Vida na Europa

Em 1987, Branco deixou o Fluminense e foi jogar no futebol italiano. O lateral brasileiro foi contratado pelo Brescia, um clube pequeno do norte da Itália. Fez muitas exigências para assinar o contrato: uma casa às margens do belíssimo lago de Garda, com lancha na garagem, carro zero km, adiantamento de sua parte do contrato à vista e quatro viagens de ida e volta por ano para o Rio. Os italianos aceitaram. Ele partiu levando junto a noiva Stella, que conheceu ainda jovem. Mais tarde eles se casaram e tiveram os filhos Kiara e Stefano.

Branco jogou duas temporadas no Brescia. Fez 50 jogos e marcou quatro gols pelo time azul e branco. Em 1989, trocou o futebol italiano pelo português. Foi contratado pelo Porto, onde teve o melhor rendimento da fase europeia de sua carreira. Com o Porto, ele ganhou a Supercopa de Portugal e o título do Campeonato Português na temporada 1989-90. Disputou 60 partidas pelo clube e marcou sete gols.

Uma nova proposta o levou de volta à Itália em 1991. Desta vez, era para jogar no Genoa, o time da cidade natal de Cristóvão Colombo. Branco ficou por lá duas temporadas.

Campeão sul-americano

Em meio às suas aventuras pela Europa, Branco veio ao Brasil para disputar a Copa América de 1989 realizada no país. A seleção brasileira tinha no comando o técnico Sebastião Lazaroni, que havia conquistado um tricampeonato comandando o Vasco. Lazaroni dizia que futebol era científico e estava encantando com as propostas táticas vindas da Europa.

O Brasil vivia um processo de redescoberta de sua identidade com a volta das eleições diretas naquele ano. A Copa América seria uma boa oportunidade para resgatar o orgulho nacional. A última vez que o Brasil tinha conquistado o título sul-americano havia sido em 1949, ou seja, 40 anos antes. O time estava muito motivado. Branco tinha pelo lado esquerdo da defesa a companhia do amigo do Fluminense, Ricardo Gomes. Outros dois zagueiros – Aldair e Mauro Galvão – reforçavam a proteção à meta defendida por Taffarel. Pela direita, o lateral era Mazinho, do Vasco. Dunga, Silas e Valdo formavam o meio de campo. Bebeto e Romário formavam a dupla de atacantes.

A seleção contagiou o público no dia em que venceu a Argentina por 2 a 0, diante de mais de cem mil pessoas no Maracanã. O Brasil não deu chances para Maradona e companhia. A Argentina, então campeã mundial e sempre foi um adversário gostoso de ser batido. O Brasil venceu ainda o Paraguai e o Uruguai e ficou com a taça. Branco sentia o gosto especial de ser campeão com a camisa verde e amarela. O técnico Lazaroni "fechou" o grupo campeão da Copa América e garantiu a presença da maioria dos jogadores na Copa do Mundo de 1990, na Itália.

A "bomba assassina"

A participação do Brasil na Copa do Mundo de 1990 é para ser riscada da história. O esquema tático era horrível, o técnico não tinha comando, os jogos do Brasil davam sono, Romário estava machucado e os jogadores só pensavam em dinheiro.

Branco, Taffarel e Careca foram alguns dos poucos que se salvaram naquela equipe confusa. A história mostrou que aquela Copa serviu apenas como lição do que não fazer em um Mundial.

Branco foi destaque na estreia contra a Suécia, criando a jogada para um dos gols de Careca. Esteve discreto na segunda partida (1 a 0 sobre a Costa Rica) e foi personagem de um episódio curioso no terceiro jogo, contra a Escócia. Branco se apresentou para cobrar uma falta de média distância contra o gol escocês. O lateral soltou a bomba em um chute de mais de 100 km/h. A bola acertou em cheio o jogador Murdo McLeod, que estava na barreira. O escocês foi a nocaute. Caiu desacordado e ficou alguns minutos inconsciente. Depois de se recuperar, McLeod tentou seguir jogando. Depois de uns dez minutos, desmaiou em campo e teve de ser levado para um hospital.

Nos bastidores criou-se a lenda de que Branco teria matado o escocês com seu chute forte. Não foi bem assim. McLeod se recuperou no hospital, mas o choque violento da bola chutada por Branco contra sua cabeça lhe provocou uma amnésia permanente. O escocês não se lembra de nada daquela partida.

– As pessoas me contaram o que aconteceu naquele jogo contra o Brasil, porque eu não me lembro de nada. Acho que teve uma hora que um cara chamado Branco bateu uma falta e a bola me pegou no lado da cabeça e me deixou inconsciente. Fiquei uns três ou quatro minutos desacordado e depois tentei seguir no jogo. Acabei desabando novamente, fui retirado e levado ao hospital. Não me lembro de nada sobre aquela Copa do Mundo. Nem do jogo contra o Brasil nem das outras partidas – disse McLeod em entrevista à BBC, anos mais tarde.

A polêmica água argentina

Curiosamente, na única partida em que realmente jogou bem, o Brasil foi derrotado pela Argentina por 1 a 0 e eliminado da Copa. Maradona deu um "nó" na defesa tupiniquim e passou a bola para o loiro Caniggia fazer o gol dos *hermanos*. O Brasil

tinha dominado totalmente a partida, chutado bolas na trave e perdido gols incríveis. No dia seguinte, o jornal *O Globo* estampava uma página com toda a estatística da partida, em que o Brasil aparecia com ampla vantagem no total de chutes a gols, escanteios, faltas recebidas e posse de bola. O título no alto da página resumia tudo: "Os números mentem". Futebol não é estatística. Futebol é bola na rede.

Branco recebeu naquele jogo com a Argentina uma dura lição de malandragem. Fazia muito calor em Turim e durante a partida um jogador argentino se machucou e precisou de atendimento médico. O massagista da seleção argentina, Miguel "Galindez" Di Lorenzo, foi atender o jogador lesionado e distribuiu garrafas de água aos seus jogadores. Branco se aproximou e, na maior inocência, pediu uma garrafinha para beber. O massagista lhe entregou uma garrafa verde, enquanto os argentinos bebiam água em garrafas transparentes. A água que Branco tomou estaria "batizada" com uma mistura de soníferos.

O lateral brasileiro contou após o jogo que passou a sentir tonturas e as pernas bambas. "O massagista me deu a água para tomar e isso é uma coisa que vai ficar para a história", conta Branco, que não conseguiu mais controlar a bola e muito menos cobrar faltas com a força característica.

– Eu tive problemas sérios depois que bebi aquela água. Comecei a ficar tonto e poderia ter tido danos mais graves à minha saúde. Imagina se depois desse jogo me convocam para um exame antidoping? O que teria sido de mim? Como teria explicado a presença dessa substância em meu organismo?

Na época muita gente duvidou da história que Branco contou. "Achavam que era desculpa esfarrapada pela derrota", disse o lateral. "Ainda bem que 15 anos depois o Maradona confirmou tudo." Em 2005, Diego Maradona confessou em um programa de televisão a farsa para prejudicar o lateral brasileiro. O técnico da Argentina naquela Copa do Mundo, Carlos Bilardo, sempre negou o episódio. O massagista também. "Mas jamais tome água de um adversário", advertiu Galindez.

A volta por cima na conquista do tetra

O episódio da água foi só o início de um calvário que Branco teria de cumprir. Convocado para ser titular na Copa do Mundo de 1994, o jogador começou a sentir fortes dores nas costas durante a fase de preparação da seleção brasileira. O técnico Carlos Alberto Parreira e o preparador físico Moraci Sant'Anna estabeleceram um rigoroso treinamento para deixar todo o time em forma para a disputa do Mundial nos Estados Unidos. Para Branco, cada sessão de testes físicos era um sacrifício. Enquanto isso, seu reserva, Leonardo, esbanjava saúde. Parreira não teve outra alternativa a não ser barrar Branco e promover Leonardo a titular da seleção naquela Copa.

Cabisbaixo, Branco passava os dias fazendo sessões de fisioterapia e conversava muito com o médico Lídio Toledo. Era alvo de críticas de parte da imprensa por causa do seu estado de saúde. Enquanto o time foi fazer um amistoso no Canadá, Branco ficou sozinho na concentração do Brasil em Los Gatos, nos Estados Unidos. Telefonou para a esposa, que foi imediatamente ao seu encontro para lhe dar todo o apoio.

– Ela me fez recordar toda a minha história. Sou filho de pedreiro. Tenho sete irmãos. Um morreu no Exército. Só pude estudar até o segundo ano colegial. Quando a conheci eu não era ninguém. Mesmo assim, disse a ela que não se arrependeria em apostar em mim. Quando estava treinando para me recuperar ela lembrou de tudo isso. Fiquei muito motivado.

Mas o destino preparava um contra-ataque para Branco. O sempre comportado Leonardo foi expulso no jogo contra os Estados Unidos em uma explosão de fúria que resultou em uma cotovelada no rosto de um adversário. O Brasil ganhou o jogo e Parreira teve de escolher um substituto para a posição.

O jogo seguinte seria contra a Holanda, que contava com o veloz atacante Marc Overmars, que caía pelo lado esquerdo da defesa adversária. Parreira poderia improvisar o lateral-direito Cafu na esquerda,

Cezar Loureiro/Agência O Globo

Branco: dedicação total à seleção.

como fez no segundo tempo do jogo contra os norte-americanos. A outra opção seria escalar Branco, que estava recuperado da contusão. O técnico optou pela experiência do jogador que conhecia desde os tempos do Fluminense.

Branco fez do jogo contra a Holanda a partida de sua vida. Para quem não se lembra, o Brasil abriu dois gols de vantagem, com Bebeto e Romário, mas a Holanda empatou o jogo logo a seguir e já ensaiava uma virada. Faltando dez minutos para o apito final, Branco pegou uma bola na intermediária e partiu em direção ao ataque. O holandês Overmars chegou para lhe tomar a bola por trás e levou um tapa no rosto. Irritados, dois holandeses partiram para cima de Branco e fizeram um sanduíche do lateral. Falta para o Brasil.

A jogada era um pouco longe do gol da Holanda. Dali, só Rivellino, Eder ou Nelinho conseguiriam acertar um chute forte e preciso. Branco decidiu arriscar. Tomou distância e soltou o foguete de pé esquerdo. Romário, que estava no meio da trajetória, conseguiu jogar o corpo e sair da frente. A bola entrou no canto do goleiro Ed de Goey. Emocionado, Branco correu em direção ao banco de reservas e foi abraçar o médico Lídio Toledo, agradecendo ao fato de ele ter bancado sua permanência no grupo e apostado em sua recuperação.

"Foi o jogo mais importante da minha vida", disse Branco após aquela vitória. "Falaram que eu estava acabado para o futebol, mas eu mostrei que tenho coragem e determinação. Não ganhei nada de graça, sempre batalhei por tudo na minha vida. Sou um lutador." Sobre o duelo com Overmars, Branco resumiu:

– Tive duelos com pontas difíceis de serem marcados, como o Renato Gaúcho, o Tita e o Mauricinho. Já o Overmars foi o mais fácil que eu marquei. Na verdade, foi ele quem teve que me marcar.

Com o espírito renovado, Branco entrou em campo de mãos dadas com os companheiros para disputar a final da Copa de 1994 contra a Itália. Encarou os italianos com muita garra. O jogo terminou empatado por 0 a 0 e o título foi decidido nos pênaltis. Branco fez a terceira cobrança pelo Brasil, um chute forte na lateral esquerda do gol. O italiano Roberto Baggio errou a última cobrança e o Brasil conquistou o tetra.

Nas tribunas do estádio Rose Bowl, Branco foi um dos primeiros a erguer a taça de campeão do mundo, depois do capitão Dunga e do artilheiro Romário. O troféu teve para ele um sabor todo especial. Era a vitória da superação.

Vida de peregrino

A carreira de jogador prosseguiu por mais quatro anos depois da conquista do tetra. Antes mesmo da Copa ele havia tido uma passagem rápida pelo Grêmio e voltado a jogar no Fluminense. Ainda em 1994, Branco foi para o Corinthians. Terminou o ano como vice-campeão brasileiro [o Palmeiras venceu a final].

Branco odiou perder aquele título. Foi com um gol dele contra o Atlético-MG que o Corinthians chegou à decisão. Mas o lateral corintiano falhou no primeiro jogo ao perder uma bola para Rivaldo, que fez o primeiro gol da vitória do Palmeiras por 3 a 1. No segundo jogo, Branco discutiu com o também tetracampeão mundial Zinho e ambos foram expulsos. O empate por 1 a 1 garantiu o título ao Palmeiras.

No ano seguinte, Branco vestiu a camisa do Flamengo. Foi vice-campeão carioca e viu o clube perder a decisão para o seu antigo Fluminense por 3 a 2, no jogo do "gol de barriga" de Renato Gaúcho. Depois, jogou no Internacional.

O currículo incluiu ainda uma passagem pelo Middlesbrough, da Inglaterra, o New York MetroStars, dos Estados Unidos, Mogi Mirim e mais uma vez o Fluminense, onde encerrou a carreira como jogador em 1998, totalizando 157 partidas disputadas e 11 gols marcados. Branco foi ainda supervisor de seleções da CBF e coordenador de futebol do Fluminense.

No final de 2009, as lições de Branco serviram de inspiração aos jogadores do Fluminense, que conseguiram uma arrancada espetacular no Campeonato Brasileiro quando os matemáticos já davam 98% de chances de o time ser rebaixado para a segunda divisão. Branco mostrou que quanto mais duvidam de sua capacidade, mais força é possível tirar de dentro de si. O Fluminense aprendeu (e o futebol também).

ENTREVISTA:
RICARDO GOMES

"[Branco é] um exemplo de superação, a própria natureza física dele lhe permitia se destacar dos demais jogadores"

O lateral-esquerdo Branco teve ao longo de sua carreira um colega que o acompanhou desde os tempos de juniores do Fluminense. Ricardo Gomes Raymundo era o quarto-zagueiro do time de jovens aspirantes das Laranjeiras. Canhoto, assim como Branco, ficava responsável por cuidar da cobertura do lateral que, com uma força física acima da média, costumava apoiar muito o ataque.

O entrosamento entre os dois garantia uma solidez pelo lado esquerdo da defesa do Fluminense. Logo chegaram à equipe principal como titulares. Com Ricardo e Branco completando a zaga, o Fluminense foi tricampeão carioca em 1983, 1984 e 1985 e conquistou ainda o Campeonato Brasileiro de 1984.

Ricardo Gomes chegou primeiro à seleção brasileira, convocado para o amistoso em que o Brasil foi derrotado pela Inglaterra no Maracanã, em 1984. O técnico era Edu Coimbra, irmão de Zico. Depois, o quarto-zagueiro só voltaria a ser chamado em 1987, quando ajudou o Brasil a conquistar a medalha de ouro nos Jogos Pan-Americanos de Indianápolis, nos Estados Unidos. Foi nessa época, aliás, que Ricardo passou a incorporar o sobrenome Gomes em sua alcunha de jogador, para diferenciar na escalação do seu "xará" no time brasileiro, o Ricardo Rocha.

Branco estreou na seleção em 1985 e um ano depois já era titular do Brasil na Copa do Mundo disputada no México. Após o sucesso

nos tempos de Fluminense, os dois amigos voltariam a se encontrar em Portugal, desta vez em lados opostos. Enquanto Branco era o lateral-esquerdo do Porto, Ricardo Gomes defendia a zaga do Benfica. A boa atuação no maior clássico do futebol português levou os dois jogadores de volta à seleção brasileira em 1989.

O reencontro da dupla foi inicialmente desastroso: com Ricardo Gomes e Branco jogando juntos pela primeira vez na seleção, o Brasil perdeu três amistosos na Europa, para Suécia, Dinamarca e Suíça. Mesmo assim, o treinador manteve os dois no time titular para a disputa da Copa América, no Brasil. Ricardo Gomes foi o capitão do time. Com sua liderança, mais a força de Branco, as defesas de Taffarel, a raça de Dunga e os gols de Bebeto e Romário, o Brasil conquistou o título sul-americano após 40 anos de espera.

Os dois estiveram juntos na Copa do Mundo de 1990, na Itália. O Brasil foi eliminado pela Argentina no jogo em que Branco tomou a água com tranquilizantes preparada pelos argentinos e Ricardo Gomes acabou expulso no final da partida ao cometer uma falta para impedir o segundo gol dos *hermanos*. Quatro anos depois, os problemas físicos atrapalharam os planos dos dois jogadores. Ricardo Gomes foi cortado às vésperas da Copa do Mundo de 1994 depois de sofrer uma lesão muscular em um amistoso contra El Salvador. Branco penou com as dores nas costas, mas foi mantido no elenco e acabou se tornando um dos heróis do tetra.

Ricardo Gomes, que também jogou no Paris Saint-Germain, tornou-se técnico de futebol após pendurar as chuteiras, trabalhando com várias equipes: Paris Saint-Germain, Vitória, Sport, Guarani, Coritiba, Juventude, seleção brasileira pré-olímpica, Fluminense, Flamengo, Bordeaux, Monaco e São Paulo.

Quais as qualidades e defeitos que você destacaria no Branco como lateral?
O Branco era um lateral-esquerdo que atacava e defendia muito bem. Ele era um jogador muito forte e tinha muita velocidade. Era um exemplo de superação, a própria natureza física dele lhe permitia se destacar dos demais jogadores. Além disso, sabia como ninguém

usar o pé esquerdo para driblar e nos chutes de longa distância. Defeitos? Posso dizer que ele não se sentia muito à vontade no jogo aéreo. Mas isso não chegava a ser um problema porque nós, da zaga, cobríamos essa deficiência dele.

Como foi o início de vocês no Fluminense? Mal chegaram ao time principal e já emplacaram um tricampeonato carioca e o título brasileiro de 1984.
As coisas foram acontecendo naturalmente. Ninguém sentiu nenhum tipo de pressão por ser novo. Estávamos bem concentrados naquilo que fazíamos e não deixamos o sucesso subir às nossas cabeças.

Cezar Loureiro/Agência O Globo

Ricardo Gomes: escudeiro de Branco no Fluminense e na seleção.

A convocação para a seleção brasileira também aconteceu naturalmente?
Sem dúvida. Ao contrário de hoje, quando muitos jogadores da seleção brasileira jogam em clubes da Europa, nos anos 1980 o time, quando era campeão brasileiro, fornecia muitos jogadores para a equipe nacional. Era um outro mundo.

A conquista da Copa América de 1989 foi o início do renascimento do Brasil como uma seleção vencedora. A partir daquela conquista a seleção passou a ganhar maior respeito dos adversários e aprendeu a ser campeã. Você concorda?
Foi a conquista da dignidade esportiva. O Brasil estava há 40 anos sem ganhar a Copa América e nós mostramos uma grande capacidade para vencer. Derrotamos a Argentina do Maradona e, na final, enterramos de vez o fantasma do *Maracanazo* criado após a derrota na Copa de 1950 ao batermos o Uruguai com aquele gol de cabeça do Romário.

Qual era a influência do Branco nesse time? Ele era um dos líderes do grupo?
Não, ele não exercia uma liderança nessa concepção de capitão que a gente tem. O Branco era um jogador muito espirituoso, tinha sempre umas tiradas boas que ajudavam a alegrar o ambiente.

Na época, vocês atuavam no futebol português, você no Benfica e ele no Porto. Como eram esses duelos?
A rivalidade entre Porto e Benfica é muito forte. Os jogos sempre foram muito "pegados". Eram dois timaços. Cada partida era muito equilibrada. Quando o Branco chegou, em 1989, nós, do Benfica, ficamos com o título. No ano seguinte, o Branco foi campeão português com o time do Porto.

O que você achou da participação do Branco na Copa do Mundo de 1990 na Itália, na qual você era o capitão da seleção brasileira?
O Branco foi bem naquela Copa. Teve aquele episódio da água no jogo contra a Argentina, é verdade. Mas foi apenas um episódio isolado, o que ficou marcado mesmo foi a nossa eliminação.

Já em 1994 vocês viveram dramas parecidos. Uma contusão acabou te tirando da Copa do Mundo nos Estados Unidos, e o Branco quase foi cortado por causa de dores nas costas. Como vocês lidaram com estas situações?
O meu caso era diferente. Tive um problema muscular que não tinha como conseguir uma solução em curto espaço de tempo. Acabei sendo cortado às vésperas do início da Copa [no lugar de Ricardo Gomes o técnico Carlos Alberto Parreira convocou o zagueiro Ronaldão, do São Paulo, que não chegou a atuar naquele Mundial]. O Branco teve um problema na estrutura óssea, mas conseguiu se recuperar com o tratamento. Já era a terceira Copa do Mundo que ele disputava e tinha muita experiência para saber como lidar com esta situação.

Muitos laterais, com o tempo, mudaram de posição. Quem não queria mais correr tanto se tornou zagueiro. Quem tinha mais habilidade foi jogar no meio de campo. O Branco ficou a carreira toda na lateral. Na sua opinião, a posição de lateral vai acabar? Você mesmo, como treinador, escalou times com volantes improvisados nas laterais.
O futebol evoluiu demais, e hoje em dia há uma grande demanda em todas as posições. São dezenas de clubes contratando jogadores, há ainda muita participação de equipes estrangeiras nas transações de jogadores brasileiros, e fica cada vez mais difícil encontrar um lateral especialista na posição. Além disso, há no Brasil uma abundância de volantes. O cara que sabe jogar bola, mas não tem um ponto forte, pode se virar bem na posição de médio-volante. Já o lateral, o zagueiro e o atacante precisam ter uma parte física destacada e um ponto forte que os diferencie. O volante pode não ter grande capacidade física, mas consegue superar jogando com inteligência. Já o lateral não pode jogar só com inteligência. Sem preparo físico ele não consegue jogar bem.

Arquivo/Agência O Globo

CAPÍTULO 9

LEONARDO

Com o talento
de um diplomata,
Leonardo conquistou fãs
no Brasil, Espanha,
Itália, França e Japão
e se consagrou como
o lateral que virou
camisa 10.

O Flamengo voltou a ser campeão brasileiro em 2009 depois de 17 anos de espera. A torcida invadiu o Maracanã carregando nas camisas e bandeiras símbolos da história do clube. Zico, sem dúvida, era o mais reverenciado. Mas era fácil encontrar no meio da multidão torcedores com a camisa 4 e o nome de Leonardo às costas. Principalmente as mulheres. O lateral-esquerdo revelado pelo Rubro-Negro se tornou ídolo da torcida feminina não só do Flamengo, como do São Paulo, do Milan e de outros clubes por onde passou. Educado e com cara de bom moço, Leonardo sempre foi diferente dos outros jogadores.

Ele estudou até entrar na faculdade, aprendeu a conviver com colegas das mais variadas camadas sociais e desenvolveu uma capacidade incrível de se adaptar rapidamente a novos ambientes. Enquanto os amigos se divertiam ouvindo pagode, axé, funk ou música sertaneja, Leonardo levava em seu repertório as músicas de Chico Buarque, Caetano Veloso, Oswaldo Montenegro, Beto Guedes, Milton Nascimento, Skank, Cidade Negra, Paralamas do Sucesso, Nando Reis e Marisa Monte. Aprendeu a falar inglês ainda garoto e, com facilidade para se comunicar e assimilar novas culturas, ampliou seus conhecimentos em francês, espanhol, italiano e até japonês, tornando-se um dos símbolos do futebol globalizado.

No Brasil, Leonardo conseguiu ser ídolo no Rio, jogando pelo Flamengo, e em São Paulo, atuando pelo tricolor. Pelo mundo, conquistou prestígio na Espanha, Japão, França e Itália. Este "embaixador do futebol" aprendeu tanto que fez de sua carreira uma eterna evolução. Começou como lateral-esquerdo e explorou todas as possibilidades que a posição lhe proporcionava, sendo, além de eficiente marcador, um jogador muito ofensivo. Sua habilidade e visão de jogo logo o levaram a uma nova posição e Leonardo entrou para a galeria dos craques da camisa 10. Quando parou de jogar, virou dirigente de

um dos clubes mais importantes do mundo, o Milan, e não satisfeito, iniciou uma carreira como treinador no próprio time italiano.

A carreira de jogador começou no final dos anos 1980 e se encerrou em 2003. Esse foi um período de grande transformação tática do futebol. Os laterais ganharam ainda mais importância com a variação do sistema tático 4-3-3 (quatro zagueiros, três meio-campistas e três atacantes) para uma formação 3-5-2 (três jogadores na zaga, cinco no meio de campo (incluindo os dois alas) e mais dois homens na frente).

Com a defesa reforçada por mais um zagueiro, os laterais ganharam liberdade para jogar mais avançados, ocupando um dos lados da faixa intermediária do campo e, eventualmente, atacando pelas extremidades. Para se destacar nessa função era fundamental ao jogador ter um excelente preparo físico e, acima de tudo, ser inteligente. Leonardo reunia as duas qualidades com sobras.

Infância em Niterói

Leonardo Nascimento de Araújo nasceu em 5 de setembro de 1969 em Icaraí, bairro da cidade de Niterói, no estado do Rio de Janeiro. Filho de Francisco Ney e dona Aurélia, era o caçula de três irmãos de uma família de classe média. Desde pequeno, Leonardo mostrou dedicação aos estudos e paixão pelo futebol. Algo que para muitos parecia inconciliável, para Leonardo era natural: separar a hora de se debruçar sobre os livros para fazer as lições do Instituto Abel, o colégio onde estudou, e dos cursos de inglês que frequentava desde menino, com os momentos para brincar nas peladas.

Os amigos o chamavam de "Ratinho", pelo físico franzino, o cabelo repartido ao meio e os dentes sobressalentes no sorriso. Era o mais novo da turma que jogava bola no Rio Cricket e Associação Atlética, um clube social e esportivo de Niterói, onde, de vez em quando, Leonardo também participava das partidas de rúgbi. Começou com apenas 5 anos de idade no time de futebol do clube e, com o passar dos anos, sua dedicação ao esporte e a habilidade que demonstrava com a bola começaram a chamar a atenção dos "olheiros", os homens responsáveis por garimpar talentos para os grandes clubes.

Em 1984, antes mesmo de completar 15 anos, Leonardo recebeu um convite para treinar no Vasco da Gama. O jogador tinha brilhado nos jogos do Rio Cricket atuando como ponta-esquerda. Sempre jogando com o pé esquerdo, Leonardo sabia como usar sua velocidade e habilidade para se livrar da marcação dos adversários. Era um talento a ser lapidado.

Mas as coisas não saíram muito bem para ele em São Januário. Ficou muitos jogos na reserva do time infantil e perdeu aulas importantes no colégio e no curso de inglês. A ida até o Vasco, que fica na zona norte do Rio, era outro problema para quem tinha que acordar cedo todo dia e pegar a barca de Niterói para atravessar a Baía de Guanabara. Leonardo acabou pedindo dispensa. Ficou com medo de não ter muito futuro no futebol e ainda perder todo o investimento feito nos estudos. Trocou o duvidoso pelo certo.

O convite do Flamengo

Leonardo ficou pouco tempo em casa. Isaías Tinoco, supervisor das categorias de base do Flamengo, tinha trabalhado com Leonardo na breve passagem do jogador pelo Vasco. Ligou para a família e chamou o menino para fazer um teste na Gávea. Para Leonardo, aquilo era um sonho. Desde menino acostumou-se a pegar a barca e ir até o Maracanã para assistir aos jogos do Flamengo. Gostava de ver seus ídolos ao vivo brilhando em campo. Zico, Júnior, Andrade, Adílio, Leandro... Leonardo vibrava com a massa rubro-negra a cada gol do supertime do Flamengo.

O teste no Flamengo foi em 1985. Leonardo foi aprovado e passou a integrar a equipe de juvenis do clube. Em 1986, destacou-se jogando tanto na ponta como na lateral esquerda na conquista da Taça Belo Horizonte de Juniores e, em seguida, foi campeão mundial juvenil interclubes em um torneio realizado no Marrocos. A chance de subir para o time profissional se aproximava.

Nessa época, o Flamengo investia em uma renovação do elenco e apostava em jovens promessas. Jorginho era o dono da lateral direita. Aldair, então com 21 anos, despontava na zaga. O meio de campo tinha um garoto que corria à beça e atendia pelo apelido de Zinho. Na frente, um atacante com cara de menino espantava os adversários com sua habilidade e oportunismo. Seu nome? Bebeto.

O Flamengo ainda tinha jogadores experientes para orientar essa garotada – Leandro, Mozer, Adílio e Andrade ainda estavam por lá. Sócrates retornou da Itália com status de estrela, mas já não era o mesmo craque que tinha brilhado no Corinthians. Zico também estava de volta, após passar pela Udinese. O clube estava em turbulência, cenário ideal para quem aparece como solução e aproveita as oportunidades.

Presente de aniversário

Não foi um carro, um relógio de ouro, um computador ou uma viagem. O presente que Leonardo ganhou no dia em que completou 18 anos de idade vale mais do que todos estes regalos juntos. O menino estava em casa quando o telefone tocou. O técnico do Flamengo, Antonio Lopes, telefonou pedindo a ele que se apresentasse ao clube para integrar o elenco de profissionais do Flamengo. O time iria fazer um amistoso contra o Bahia e Leonardo seria testado.

Mais do que jogar no time principal, Leonardo teria, pela primeira vez na carreira, a chance de jogar ao lado do seu grande ídolo de infância. Ele se emocionou quando entrou em campo, no gramado da Fonte Nova, ao lado de Zico. Era o início de uma grande amizade. Duas semanas depois ele fazia sua estreia no Maracanã em um jogo contra o Vasco pela Copa União, o campeonato nacional daquele ano. O Flamengo venceu por 2 a 1.

O time tinha sido reforçado naquele ano com o experiente zagueiro Edinho e com o atacante Renato Gaúcho. Foi a volta da máquina rubro-negra que aterrorizou os adversários no início da década de 1980. Em uma campanha perfeita, o Flamengo venceu a Copa

União derrotando o Internacional de Porto Alegre na final por 1 a 0, gol de Bebeto. Leonardo chorou de emoção com a conquista do título. Seu pai, Francisco Ney, não pôde assistir à partida decisiva com medo da pressão alta. Viu pela televisão Leonardo ter o nome entoado pela torcida nas arquibancadas do Maracanã.

O sucesso foi imediato. Leonardo passou a ser reconhecido pelas pessoas na barca Niterói-Rio que ainda tomava para ir treinar na Gávea. A caixa postal do Flamengo começou a ficar abarrotada de cartas de fãs adolescentes apaixonadas pelo lateral com pinta de "menino do Rio". Beatriz, namorada de Leonardo desde a adolescência em Niterói, precisou fazer marcação cerrada contra o assédio das meninas. Deu certo. Ela e Leonardo têm três filhos: Lucas, Júlia e Joana.

Após a conquista da Copa União, Leonardo assinou seu primeiro contrato como profissional do Flamengo. Logo abandonou a barca e passou a ir de carro para os treinos. Procurou, no entanto, continuar cursando a faculdade de Educação Física da Universidade Gama Filho, apesar de a rotina de concentrações e viagens para os jogos atrapalhar a vida acadêmica do jovem jogador de futebol.

Seleção de juniores

Leonardo recebeu a primeira convocação para vestir a camisa da seleção brasileira em 1988. Apesar de já ser campeão brasileiro com o time profissional do Flamengo, foi chamado para disputar o Sul-Americano Sub-20 na Argentina. O técnico era Renê Simões. O Brasil foi campeão e se classificou para o mundial da categoria, no ano seguinte. Em um time que contava com jovens promessas como Bismarck, Sonny Anderson e Marcelinho Carioca, o Brasil de Leonardo terminou em terceiro lugar.

Dois anos depois, durante a renovação do elenco promovida pelo então técnico da seleção brasileira, o ex-jogador Paulo Roberto Falcão, Leonardo teve sua primeira oportunidade na equipe principal, fazendo sua estreia contra o Chile no dia 17 de outubro de 1990, em Santiago.

No Flamengo,
o menino prodígio.

Em 1989, Leonardo acabou pagando caro pela juventude e certa inocência na decisão do Campeonato Carioca. O Flamengo enfrentou na final o Botafogo, que amargava um jejum de 21 anos sem títulos e precisava daquela vitória de qualquer maneira. Aos 12 minutos do segundo tempo, após um cruzamento da esquerda do ataque botafoguense, Leonardo subiu para cabecear a bola para longe da área. No entanto, acabou empurrado pelo atacante Maurício, do Botafogo, que também disputava a bola. O lateral ficou "vendido" no lance e Maurício fez o gol do título histórico do Botafogo.

Menos de um ano depois, Leonardo deixava o Flamengo e seguia por empréstimo ao São Paulo. Ele chegou a participar da campanha do título da Copa do Brasil de 1990 conquistado pelo Flamengo, mas não disputou a final daquele torneio.

O jogador foi buscar novos ares sob a batuta do mestre Telê Santana, que iniciava uma era vitoriosa no Morumbi. O menino do Rio deixava o conforto de casa para se tornar cidadão do mundo. Leonardo trancou a matrícula na faculdade de Educação Física e foi se dedicar 100% à vida de jogador de futebol.

Sucesso na Era Telê

Leonardo encontrou no São Paulo o projeto que buscava para desenvolver todo o seu potencial. E o São Paulo encontrou em Leonardo o lateral-esquerdo de que o clube carecia há muito tempo. O Tricolor sempre foi carente nas laterais. Na lateral direita, De Sordi, nos anos 1950, Pablo Forlán, nos anos 1970, Getúlio e Zé Teodoro, nos anos 1980, Cafu, nos anos 1990, e Cicinho, em 2005, foram exceções. Na lateral esquerda, Noronha, na década de 1950, Gilberto Sorriso, nos anos 1970, e Marinho Chagas, em uma passagem meteórica pelo clube no começo dos anos 1980, Serginho e Júnior, mais recentemente, estão entre os que se salvam.

Quando Leonardo chegou, no segundo semestre de 1990, o São Paulo vivia um momento delicado. O time ficou em 15º lugar no Campeonato Paulista e teria que disputar um módulo paralelo no

ano seguinte [em outras palavras, o time foi rebaixado, mas, pelos regulamentos mirabolantes dos dirigentes do futebol, na prática não "caiu", pelo contrário, foi campeão estadual em 1991]. Telê Santana foi contratado e começou a formar um supertime no qual se destacavam o goleiro Zetti, o jovem lateral Cafu, o zagueiro Antônio Carlos e o meio-campo Raí. Naquele ano, o São Paulo chegou à final do Campeonato Brasileiro, mas foi derrotado no Morumbi pelo Corinthians, por 1 a 0, gol de Tupãzinho.

O Tricolor tratou de contratar Leonardo em definitivo. Fez uma proposta mirabolante ao Flamengo e cedeu dois jogadores em troca do lateral (o lateral-esquerdo Nelsinho e o meia Bobô). Em 1991, com o reforço do zagueiro Ricardo Rocha, o São Paulo de Leonardo foi campeão brasileiro derrotando o Bragantino na final. Leonardo foi eleito o melhor lateral-esquerdo do campeonato, sendo premiado com a Bola de Prata da revista *Placar*.

Dois anos na Espanha

Leonardo ficou pouco tempo no São Paulo nessa primeira passagem. Ele logo despertou o interesse de clubes da Europa. Depois da conquista do Brasileiro de 1991, Leonardo foi contratado pelo Valencia, da Espanha. O jogador queria muito viver a experiência de jogar no futebol europeu e aprender novas culturas. Assinou contrato de quatro anos com o Valencia, mas ficou apenas dois. Em 1992, foi eleito o melhor lateral-esquerdo do futebol espanhol pela tradicional revista espanhola *Don Balon*. No ano seguinte, começou a viver as primeiras experiências como jogador de meio de campo. Foi quando decidiu voltar para o São Paulo.

Apesar da boa experiência na Espanha, Leonardo ficou "sumido" do futebol. A Copa do Mundo de 1994 se aproximava e, mesmo tendo jogado algumas partidas pela seleção brasileira em 1990 e 1991, sob o comando de Paulo Roberto Falcão, Leonardo, naquele momento, não fazia parte dos planos do novo treinador do Brasil, Carlos Alberto Parreira.

Além disso, o Campeonato Espanhol não tinha, ainda, a popularidade que alcançaria nos anos seguintes, quando grandes craques foram jogar nos times da Espanha. Romário, Bebeto, Mauro Silva, Giovanni, Ronaldo, Rivaldo e Roberto Carlos são alguns exemplos de jogadores que fizeram história em clubes como Barcelona, Deportivo La Coruña e Real Madrid.

A volta como meio-campista

Enquanto esteve fora do Brasil, Leonardo perdeu uma fase de glórias do São Paulo. Sob o comando do amigo Raí, o time foi campeão da Taça Libertadores da América em 1992 e do Mundial Interclubes naquele mesmo ano, derrotando o poderoso Barcelona na final disputada no Japão. No primeiro semestre de 1993, o São Paulo ganhou o bicampeonato da Libertadores. O clube virava referência internacional. O astro do time, Raí, recebeu uma oferta irrecusável do Paris Saint-Germain e foi embora para a França. O São Paulo precisava de um novo camisa 10. O Valencia aceitou emprestar Leonardo para o seu ex-clube.

Leonardo voltou ao São Paulo como meio-campista. O clube tinha outros dois laterais-esquerdos, Ronaldo Luís e André Luís, e tinha contratado também o experiente Toninho Cerezo para reforçar o meio de campo. Leonardo mostrou-se um dos líderes da equipe na conquista da Supercopa Libertadores daquele ano.

O São Paulo chegou à final do torneio com o Flamengo. No reencontro com o clube que o revelou, Leonardo demonstrou que seu coração naquele momento era tricolor. Com muita vibração ele se destacou nas duas partidas decisivas. Foram jogos históricos no Maracanã e no Morumbi. Em ambos, houve empate por 2 a 2. Leonardo fez um gol em cada jogo. A decisão foi para os pênaltis. Leonardo acertou a sua cobrança e o São Paulo foi campeão depois que o chute de Marcelinho Carioca bateu na trave.

No dia 12 de dezembro, o São Paulo estava de volta ao Japão para disputar sua segunda final do Mundial Interclubes. Desta vez,

o confronto era com o Milan, da Itália, considerado o melhor time do mundo. Leonardo jogou no meio de campo ao lado de Toninho Cerezo e dos volantes Doriva e Dinho. O Milan era uma máquina. Dirigido por Fabio Capello, o time italiano tinha Costacurta, Baresi, Maldini, Desailly, Donadoni e Massaro, entre outros.

Mas o São Paulo havia aprendido a ser campeão. Em um jogo cheio de alternativas, o tricolor paulista venceu o Milan por 3 a 2 e conquistou o bicampeonato mundial. Leonardo foi fundamental naquela vitória. Foi dele a jogada pela esquerda que originou o gol de Toninho Cerezo, o segundo do São Paulo [Palhinha tinha feito o primeiro]. No final, Müller fez o gol da vitória com um toque de calcanhar.

– Estávamos mesmo num dia de alto astral. O Milan empatava, a gente corria atrás e fazia mais um gol na hora certa. Nem sei como o Müller marcou aquele gol, só sei que o título é nosso – disse Leonardo depois da partida.

Uma cotovelada na alegria

As boas atuações no São Paulo levaram Leonardo à seleção brasileira. Apesar de estar jogando no meio de campo, o técnico do Brasil, Carlos Alberto Parreira, optou por levar Leonardo para disputar a Copa do Mundo de 1994, nos Estados Unidos, como lateral-esquerdo. O titular da posição era Branco, que havia participado dos jogos das Eliminatórias para aquele Mundial no ano anterior. Outro forte concorrente era Roberto Carlos, que brilhava no Palmeiras. Parreira optou por deixar o lateral-esquerdo palmeirense de fora e apostar na experiência de Branco.

Nos jogos preparatórios às vésperas da Copa, Branco apresentou problemas nas costas e mostrou que não teria condições físicas para jogar as primeiras partidas do Mundial. Era a chance que Leonardo tanto esperava. A imprensa brasileira – principalmente os jornalistas de São Paulo – considerava que ele deveria mesmo ser o titular por tudo o que vinha jogando naquela fase. Com Leonardo, o Brasil ganharia maior força ofensiva pelo lado esquerdo. O time ficava mais leve e com mais possibilidades de servir os atacantes, Bebeto e Romário.

As coisas correram bem para Leonardo até o dia 4 de julho. Titular durante toda a primeira fase, Leonardo fez boas atuações nos jogos contra Rússia, Camarões e Suécia. No jogo válido pelas oitavas de final, contra os Estados Unidos, no Dia da Independência norte-americana, um lance acabou manchando a carreira do jogador. Leonardo disputava a bola na lateral do campo com o uruguaio naturalizado norte-americano Tab Ramos. Os dois se enroscaram na briga pela bola. Tab Ramos começou a puxar o brasileiro. Em um reflexo, Leonardo soltou uma forte cotovelada com o braço esquerdo. Acabou acertando em cheio a cabeça do adversário.

– Na hora eu caí. Parei de sentir as minhas pernas e os meus braços. Comecei a achar que iria morrer. A única coisa que conseguia fazer era mexer os olhos. Procurei ficar com os olhos bem abertos para ter certeza de que estava vivo – relatou Ramos sobre o lance.

Leonardo foi expulso de campo sumariamente. Tentou ainda justificar-se para os adversários e para o árbitro dizendo que não teve a intenção de machucar ninguém. Mas a Fifa não perdoou a violência do lateral brasileiro. Leonardo foi suspenso por quatro jogos e multado em US$ 7,5 mil. Ele ficou de fora das partidas decisivas daquela Copa.

No dia seguinte à expulsão, Leonardo foi ao hospital visitar Tab Ramos e pedir desculpas ao americano, que sofreu uma fissura no osso parietal da face. "As pessoas que me conhecem sabem que eu jamais iria atingir um adversário com o objetivo de machucá-lo. Não é essa a minha filosofia", declarou Leonardo aos jornalistas, na época. "Eu tinha um sonho, que era disputar uma Copa do Mundo. Agora esse sonho é interrompido de modo tão feio. Jamais imaginei deixar uma Copa do Mundo desse modo."

Branco, recuperado da contusão, entrou no time e ainda foi fundamental para o Brasil ao marcar o gol da vitória sobre a Holanda, nas quartas de final, e executar com perfeição uma das cobranças de pênalti na disputa contra a Itália, que valeu o tetracampeonato para a seleção. Timidamente, com a roupa de passeio, Leonardo comemorou a conquista com os demais jogadores no gramado do estádio Rose Bowl, em Pasadena. Mas não saiu no pôster do time campeão. A conquista do tetra marcava o fim da carreira de Leonardo como

lateral-esquerdo. A partir dali ele se tornaria um camisa 10 de referência internacional.

Transferência para Japão, França e Itália

Após a Copa de 1994, Leonardo foi jogar no futebol japonês. Indicado por Zico, virou o astro do Kashima Antlers. Com a ajuda da família, adaptou-se rapidamente à vida e aos costumes do Oriente. Aprendeu a falar japonês e conquistou a reverência do público. No Japão, Leonardo marcou um dos mais belos gols de sua carreira, aplicando três chapéus nos zagueiros do Yokohama Flügels e finalizando a jogada com um chute forte. Ajudou o time a conquistar o título japonês em 1996. Naquele mesmo ano, Leonardo fez as malas e partiu de volta para a Europa.

Indicado por Raí, foi contratado pelo Paris Saint-Germain. Com a astúcia de um *manager*, Leonardo viu que teria de estar em um grande centro para poder ser chamado para a Copa do Mundo de 1998, que seria disputada na França. As boas atuações no time francês garantiram a Leonardo a convocação para a seleção brasileira. Titular do meio de campo, ajudou o Brasil na conquista da Copa América de 1997, disputada na Bolívia. Naquele torneio, Leonardo marcou um golaço no jogo contra o México, com um drible desconcertante e um belo chute de fora da área.

Depois de um ano no Paris Saint-Germain, Leonardo foi contratado pelo Milan, da Itália. Destacou-se no clube italiano e foi convocado para a Copa do Mundo de 1998, na França. Leonardo iniciou como reserva de Giovanni, entrou no segundo tempo da partida de estreia do Brasil naquele Mundial, contra a Escócia, e não saiu mais. Jogava pela meia direita, ficava um pouco "torto" por usar sempre o pé esquerdo para carregar a bola. Rivaldo e, eventualmente, Denílson, caíam mais pelo lado esquerdo. Dunga e César Sampaio davam proteção à defesa e deixavam Leonardo e Rivaldo com a missão de criar as jogadas para os atacantes Bebeto e Ronaldo.

Vice-campeão mundial

Apesar de ter problemas evidentes na sua formação tática, o Brasil foi levando, na raça dos jogadores e na empolgação do veterano técnico Zagallo, a sua campanha até a final naquela Copa. Venceu a Holanda nos pênaltis em uma semifinal emocionante, mas acabou goleado pela França na decisão. A convulsão de Ronaldo horas antes do jogo, a indecisão de Zagallo em escalar ou não o atacante e a omissão dos médicos da seleção abalaram o time, que entrou em campo no Estádio Saint-Denis sem ao menos fazer um aquecimento no gramado para "sentir o clima da final".

Entoados pela "Marselhesa", o hino francês, o time de Zidane e companhia arrasou o Brasil nos 45 minutos iniciais. No primeiro gol, após cobrança de escanteio, Zidane ganhou a disputa pelo alto com Leonardo – que nunca foi um exímio cabeceador e não poderia estar com a missão de marcar o francês naquela jogada. Leonardo foi substituído no intervalo por Denílson, mas o jogo já estava praticamente perdido. A França foi campeã do mundo com uma vitória histórica por 3 a 0 sobre o Brasil.

Leonardo continuou sendo convocado para a seleção brasileira nos anos seguintes. Chegou a ser capitão do time em 1999, mas pediu dispensa ao técnico Wanderley Luxemburgo depois de perder a braçadeira para Cafu. Voltou em 2001 para dois jogos pela seleção sob o comando de Luiz Felipe Scolari. No total, Leonardo disputou 59 partidas pela seleção brasileira e marcou 8 gols.

De jogador a dirigente do Milan

Na Itália, Leonardo se tornou uma figura importante na estrutura do Milan. O clube comandado pelo primeiro-ministro italiano Silvio Berlusconi abriu todas as portas possíveis ao brasileiro. Como jogador, Leonardo foi titular do meio de campo e conduziu o Milan ao título italiano da temporada 1998-99 marcando

12 gols. Uma série de contusões, no entanto, atrapalharam sua sequência de jogos no time nos anos seguintes.

Em 2001, Leonardo voltou ao Brasil para jogar no São Paulo. Ficou seis meses no clube, sem repetir o sucesso das passagens anteriores. No final de janeiro de 2002, Leonardo assinou um contrato de seis meses com o Flamengo. "Eu sempre quis terminar minha carreira onde comecei", justificou.

O brasileiro regressou ainda para o Milan no final de 2002. Foi campeão da Copa da Itália de 2002/2003, mas não chegou a completar a campanha. Aos 32 anos, Leonardo decidiu parar de jogar. As contusões seguidas já não lhe permitiam o mesmo desempenho de outros anos. Além disso, novas oportunidades surgiam para ele fora de campo. Foi convidado pelo Milan para ser diretor técnico do clube. Leonardo passou a negociar a contratação de jogadores para o time italiano. Em 2009, o então dirigente se tornou técnico do Milan em uma nova fase de sua carreira.

Além disso, Leonardo ajudou a criar duas instituições de apoio a projetos sociais voltados para o desenvolvimento e a educação de crianças carentes, a Fundação Gol de Letra, no Brasil, em parceria com Raí, e a Fondazione Milan (Fundação Milan), na Itália.

ENTREVISTA:

RAÍ

"Um lateral com habilidade e inteligência tática, como o Leonardo, é um luxo."

Todo governante quando se prepara para deixar o cargo deve, antes de mais nada, escolher alguém para ser o seu sucessor. Uma pessoa de confiança e carismática capaz de manter o que vem dando certo e corrigir o que está errado. No futebol também é assim. O caso de Raí e Leonardo ensina que num meio em que todo mundo está mais preocupado em se dar bem do que ajudar ao próximo, a união e a confiança para a formação de uma parceria pode ser boa para todo mundo. Até depois de parar de jogar.

Raí Souza Vieira de Oliveira era o "Terror do Morumbi", em alusão ao grito entoado pela torcida do São Paulo, quando deixou o clube após o bicampeonato da Taça Libertadores da América, em 1993. Foi a grande referência da torcida no início dos anos 1990, tendo conquistado três títulos paulistas, um brasileiro, duas Libertadores e um Mundial Interclubes. Para o seu lugar, indicou Leonardo, que já havia tido uma passagem pelo São Paulo como lateral-esquerdo. "Ele é muito inteligente, vai saber jogar bem no meio de campo", previu Raí. Passou a famosa camisa 10 para o amigo e foi embora para a França.

Leonardo assumiu a condição de maestro do São Paulo e ajudou a levar o clube paulista ao segundo título mundial no final daquele mesmo ano. A parceria entre os dois prosseguiu na seleção brasileira, pela qual iniciaram a Copa do Mundo de 1994 como titulares do time, mas ficaram ambos fora do pôster de campeão do mundo [Raí foi para a reserva, e Leonardo acabou expulso, ficando fora das partidas finais].

A parceria prosseguiu. Ídolo do Paris Saint-Germain, Raí indicou Leonardo para o clube francês. Em 1998, os dois jogadores se uniram na criação de uma entidade assistencial, a Fundação Gol de Letra, com sedes na Vila Albertina, em São Paulo, e no Caju, no Rio, que desenvolve programas de Educação Integral para mais de 1.200 crianças e adolescentes (jovens de 7 a 24 anos) e promove ainda atendimento às famílias e o fortalecimento das comunidades.

Você e o Leonardo jogaram juntos, foram campeões no São Paulo e na seleção brasileira e até se tornaram sócios de uma entidade assistencial. Quando surgiu essa afinidade?
O Leonardo jogava no Flamengo e foi trocado por empréstimo junto a Alcindo por outros dois jogadores do São Paulo. Eu me lembro que no dia em que ele apareceu pela primeira vez no Centro de Treinamento da Barra Funda eu estava machucado, fazendo trabalhos de recuperação no Departamento Médico. Ali conversamos um pouco e logo surgiu uma admiração mútua pelo futebol e também pelo lado pessoal.

O que mais lhe chamou a atenção no Leonardo como jogador?
Acima de tudo, o carisma dele. É um jogador muito inteligente e uma pessoa muito carismática. Tem ótimo relacionamento com todo mundo e em campo apresentou uma técnica e habilidade acima da média.

O Flamengo é famoso por revelar grandes laterais para o país, como o Júnior, o Leandro, o Jorginho e o Leonardo. Já o São Paulo tradicionalmente teve problemas principalmente para conseguir um bom lateral-esquerdo. O Leonardo foi uma exceção?
Acho que o São Paulo teve sim bons laterais. Antes do Leonardo o titular era o Nelsinho, que foi campeão brasileiro, paulista e era um jogador que apresentava sempre uma regularidade nos jogos. Mas, sem dúvida, com o Leonardo a coisa mudou. Ele jogava muito. Encontrar um jogador que tenha a qualidade que ele tinha,

a habilidade para controlar a bola e a inteligência tática para atuar como lateral é um luxo. Não foi à toa que logo o Leonardo passou a jogar como meia-armador.

Qual era a função do Leonardo no esquema tático do Telê Santana, uma vez que pela direita o São Paulo tinha o Cafu, que era um lateral que não parava quieto na posição, estava sempre correndo para apoiar o ataque?
O São Paulo tinha jogadores que podiam cobrir os avanços do Leonardo pela lateral esquerda. O Telê dava total liberdade para ele ir mais à frente e orientava os volantes a fazer a cobertura. Por ser um jogador muito leve, o Leonardo corria muito e surpreendia a defesa adversária. Ele era também muito eficiente nos fundamentos, seus cruzamentos eram como um passe. O Leo sabia muito bem como usar a habilidade que tinha.

O curioso é que apesar desta longa amizade, na prática vocês jogaram juntos por pouco tempo. No São Paulo, por exemplo, ganharam juntos apenas os títulos paulista e brasileiro de 1991. O Leonardo acabou se tornando o seu substituto...
É verdade. Depois que eu saí do São Paulo, em 1993, ele assumiu o papel de criação das jogadas. Eu tinha sido campeão da Libertadores e mundial em 1992, e também da Libertadores em 1993. O Leonardo chegou em seguida, após a minha saída, para comandar o time na conquista do Mundial, naquela vitória contra o Milan. Ele jogou no meio de campo com a camisa 10, que eu costumava usar, e foi fundamental para aquela conquista.

Na Copa do Mundo de 1994 vocês viveram situações parecidas em termos de frustração. Você começou a Copa como capitão do time e terminou na reserva, sem sequer entrar em campo na final contra a Itália. O Leonardo foi expulso contra os Estados Unidos e também ficou de fora. Como um ajudou o outro naquela situação?
A gente conversou muito, um procurou dar forças para o outro. Saímos do time por motivos diferentes. Eu tive algumas complicações e acabei substituído durante a Copa. Já o Leonardo

vinha jogando muito bem. Não fosse aquela expulsão pela cotovelada no americano ele teria sido o melhor lateral daquela Copa do Mundo.

Como foi a experiência de jogar com o Leonardo no Paris Saint-Germain?
Ele tinha ido jogar no Japão a convite do Zico, que queria alguém para substituí-lo no Kashima Antlers. O Zico conhece bem o Leonardo e sabia que com o carisma dele daria tudo certo lá no Japão. Leonardo ficou três anos e meio no Kashima. Eu estava terminando meu contrato no Paris Saint-Germain e achei também que seria uma boa o Leonardo ir para lá.

Qual é o segredo para ele ter tanta facilidade em se adaptar ao futebol e à vida em diferentes países? O Leonardo jogou na Espanha, Japão, França e Itália sempre com rápida adaptação.
O Leonardo tem uma facilidade incomum de aprender novos idiomas. Isso ajuda bastante quando um jogador vai atuar em um clube estrangeiro. Mas a capacidade de adaptação ele já mostrou

Raí: amizade e negócios com Leonardo.

Ivo Gonzalez/Agência O Globo

ainda garoto, quando saiu do Rio de Janeiro para jogar em São Paulo. Muitos jogadores cariocas não conseguem se acostumar com o ritmo da vida paulistana. O Leonardo chegou e já se adaptou muito bem. Ele é uma pessoa de temperamento inquieto que gosta sempre de mudanças.

Com o futebol globalizado, é fundamental para o jogador ser assim, um cidadão do mundo. Você concorda?
Ele me contou que sempre curtiu essa onda de globalização. Por exemplo, quando o Leonardo disputou o Mundial Sub-20 na Arábia Saudita, ele era o único membro da delegação brasileira que falava inglês fluentemente. Assim, era ele quem falava com a imprensa estrangeira e representava a seleção brasileira diante dos dirigentes da Fifa. O Leonardo sempre teve muita facilidade em fazer contato com as pessoas e isso lhe abriu muitas portas.

Quando vocês decidiram se unir para criar a Fundação Gol de Letra?
Nas nossas conversas surgiu esta ideia de fazer algo diferente. Foi quando estávamos jogando na França entre 1996 e 1997. Eu voltei ao Brasil em 1998 para jogar no São Paulo e comecei a dar início ao projeto, fazendo contatos com pessoas e entidades. Ele veio depois e ajudou a dar continuidade.

Vários jogadores também montaram organizações assistenciais, como Cafu, Bebeto e Jorginho. Isto seria uma forma para o jogador de sucesso pagar uma suposta "dívida" com a sociedade?
Acho que todo jogador que alcança uma projeção pode, de alguma maneira, ajudar a melhorar o país. O atleta de sucesso tem um poder de mobilização muito grande, e é um desperdício ele não usar isso. Não precisa fazer como eu e o Leonardo fizemos e montar um projeto como o nosso, mas pode se colocar à disposição em alguma atividade em prol de uma causa.

Iva Gonzalez/Agência O Globo

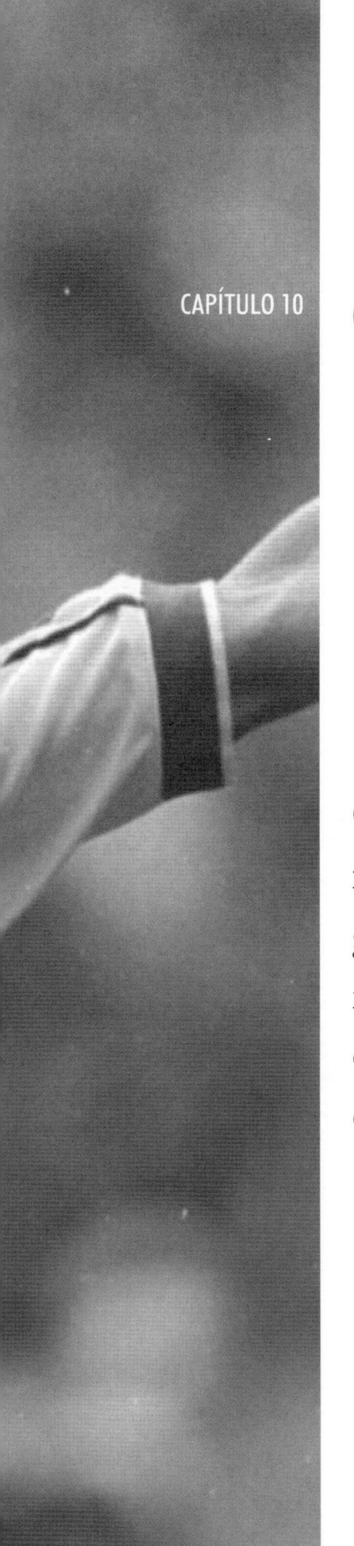

CAPÍTULO 10

CAFU

Cafu jogou três
finais de Copa do Mundo,
ganhou duas, bateu
recordes e mais recordes
e “atropelou” quem duvidou
de que ele não chegaria lá.

O Jardim Irene é um dos bairros mais pobres de São Paulo. É administrado pela subprefeitura do Campo Limpo, distrito de Capão Redondo, periferia da zona sul da capital paulista. Tem o dobro da média de mortalidade por causas externas na metrópole, mais da metade dos chefes de família ganha menos de três salários mínimos e 68% dos jovens na faixa etária de 15 a 24 anos não trabalha.

Foi lá que Marcos Evangelista de Moraes nasceu, em 7 de junho de 1970, dia em que o Brasil derrotou a Inglaterra na campanha do tricampeonato do mundo no México. E foi para lá que Cafu se dirigiu em 2002 quando chegou ao ponto mais alto que um jogador de futebol pode almejar: ser campeão do mundo, erguendo a taça como capitão da seleção brasileira. Com a camisa verde e amarela pichada com a frase "100% Jardim Irene", Cafu soltou a declaração de amor mais vista no mundo: "Regina, eu te amo!".

A mulher, a comunidade, os pais, os irmãos, a infância pobre, os amigos que perdeu para o crime: Cafu não se esqueceu das origens quando chegou à glória. Quebrou o protocolo organizado pela Fifa, que previa a entrega da Taça em um platô instalado no centro do gramado do Estádio de Yokohama, no Japão, e escalou uma mesinha que serviria de palanque. "Vou subir aqui!", disse Cafu.

Antes, porém, pediu para ninguém menos que o presidente da Confederação Brasileira de Futebol, Ricardo Teixeira, ficar segurando a mesa para ele não cair. Era o seu grande momento. Cafu ultrapassava todas as hierarquias e cravava seu nome entre os astros do futebol. E olha que muita gente duvidou de que ele chegaria lá...

Cafu não só chegou como foi muito além. Ele se tornou o maior recordista em número de jogos pela seleção brasileira (150 partidas), o atleta que mais vezes entrou em campo para defender o Brasil em Mundiais (20 jogos), o mais convocado (171 vezes), o único a disputar três finais consecutivas de Copas do Mundo. Além disso, nos 18

anos a serviço da seleção, ele ganhou duas vezes a Copa (1994 e 2002) e foi ainda bicampeão da Copa América. Cafu também se consagrou como bicampeão da Taça Libertadores da América, tricampeão do Mundial Interclubes, campeão brasileiro, campeão paulista três vezes, campeão italiano duas vezes, campeão da Liga dos Campeões da Europa, campeão da Recopa Sul-Americana e Europeia.

Durante mais de dez anos foi titular absoluto da lateral direita da seleção brasileira. Não faltaram bons concorrentes para tentar lhe tomar a posição. Mas é praticamente impossível superar Cafu. Nada é capaz de deter o homem que nasceu para jogar bola. Nem o destino.

A vaia no Maracanã

A maior provação que Cafu precisou suportar não foram as famosas nove peneiras pelas quais teve de passar até ser aceito por um clube, o São Paulo, e poder, finalmente, dar início ao sonho de jogar futebol. A maior barreira que Cafu enfrentou em sua carreira foi a desconfiança de grande parte da torcida, e até da imprensa, em relação ao seu potencial. E quanto mais ele provava, mais ela aumentava.

Um jogo em particular deixou bem claro esse comportamento da torcida. Foi no Maracanã, no dia 29 de abril de 1998. O Brasil tinha acabado de perder um amistoso contra a Argentina e os jogadores foram execrados pela torcida. Um dos mais xingados era o lateral-direito Cafu. Seu nome ganhou rima com um terrível palavrão (na verdade, uma palavrinha) terminado em "u". Nem mesmo o título de tetracampeão mundial conquistado em 1994 lhe garantia escapar das vaias. Na entrevista, Cafu desabafou: "É muito difícil jogar na seleção brasileira. Você não é respeitado em seu próprio país".

Naquele dia, o pai de Cafu, seu Célio, estava no estádio para dar apoio ao filho. Foi ao vestiário com os olhos marejados, abraçou Cafu e lembrou de tudo o que ele havia vivido até ali. Quatro anos antes, Cafu entrava em campo ainda no primeiro tempo da final da Copa do Mundo disputada nos Estados Unidos, uma verdadeira "fogueira" na qual ele se saiu muito bem. Anos depois, Cafu seria o capitão do penta. O mundo dá voltas. E o lateral aprendeu isso muito bem.

Nascido para jogar

Cafu é o típico brasileiro que nasceu para jogar futebol. Não dá para imaginá-lo fazendo outra coisa. Muitos jogadores buscam outras atividades por fora, gostam de música, de investir o dinheiro, de política, de baladas. Cafu gosta de futebol. Sempre gostou. Por ele, jogava bola todo dia, o dia todo.

Ainda pequeno, brincava nas peladas com os irmãos e amigos do Jardim Irene. Dona Cleusa, a mãe de Cafu, ficava preocupada com o menino perder a hora do jantar. Mas ele não desgrudava da bola. Estava sempre na companhia dos irmãos Marcelo, o mais velho, Mauro, Maurício, Mara e Margareth.

Cafu participou de algumas aulas na Escolinha de Futebol Craque Pedro Rocha, organizada pelo jogador uruguaio que fez história no São Paulo na década de 1970. E logo o garoto começou a fazer parte dos times de várzea do Jardim Irene. Cafu jogou no Vasquinho, no Juventude e no Guarani, as equipes de futebol amador da sua área. Rodava os campos de várzea de São Paulo para disputar partidas acirradíssimas contra times rivais.

Incansável em campo, seu futebol começava a chamar a atenção de "olheiros". Cafu resolveu arriscar uma vaga em um clube grande. Foi ao São Paulo. Não passou no teste. Foi ao Corinthians. Reprovado. Tentou na Portuguesa, Atlético-MG, Nacional, São Paulo novamente... Nada. Voltava para casa com a cara amuada. Mas não desistia.

Cafu chegou até a jogar com funcionários da TV Bandeirantes. Mas foi no Itaquaquecetuba Atlético Clube que sua sorte começou a mudar. Na equipe da terceira divisão do futebol paulista em 1987, o garoto Marcos logo ganhou o apelido de Cafu, em homenagem a um antigo atacante muito veloz do Fluminense, de nome Cafuringa, que naquele ano fazia sucesso jogando a Copa Pelé pela seleção brasileira de masters.

"Pai, vou jogar no São Paulo"

Um dia, o Itaquaquecetuba foi convidado para participar de um amistoso contra a equipe de juniores do São Paulo no Centro de Treinamento do clube paulista na Barra Funda. Era a chance de ouro para Cafu e seus companheiros do "Itaquá". O time fez o diabo em campo. Cilinho, técnico dos juniores do São Paulo, famoso pela capacidade de trabalhar com jovens talentos e revelar novos valores para o futebol, chamou o garoto e fez o convite para ele treinar no São Paulo.

Cafu voltou para casa eufórico. O pai não acreditou na história. Achou que não daria em nada. Cafu treinou uma, duas, três semanas com o time de juniores do São Paulo. Já estava com 18 anos e aquela certamente seria sua última oportunidade para virar jogador profissional. A dedicação nos treinos lhe valeu a permanência no clube. Os diretores do São Paulo pediram para ele providenciar toda a documentação para ser registrado como jogador do clube. "Pai, eu vou ser jogador do São Paulo. Assina aí", disse Cafu a seu Célio, entregando-lhe a papelada.

Em 1988, Cafu disputou a Copa São Paulo de Juniores pela primeira vez. Na época ainda não era lateral, jogava como meia-atacante mais pelo lado direito. No ano seguinte, o técnico Carlos Alberto Silva promoveu Cafu para o time profissional do São Paulo. Aos poucos, ele foi sendo lançado na equipe.

A estreia no time principal foi em 26 de novembro de 1989, quando Cafu entrou em campo como substituto do lateral Zé Teodoro em uma partida contra o Goiás pelo Campeonato Brasileiro. O jogador gostava de atuar como meia, mas já que a chance que apareceu foi na lateral direita, ele decidiu encarar o desafio. Deu muito certo.

Aos poucos, o rapaz do Jardim Irene passou a ser reconhecido nas ruas. Cafu conta que, certa vez, voltava para casa cansado de tanto treinar, quando três bandidos entraram no ônibus. Renderam o motorista e o cobrador, seguraram as portas e anunciaram o assalto. Os passageiros foram obrigados a entregar relógios e carteiras [na época quase ninguém tinha telefone celular]. Cafu foi entregar seus pertences quando um dos bandidos falou: "Deixa quieto mano, fica na sua". Depois de roubar todo mundo, menos Cafu, o trio foi embora. O jogador achou prudente descer no ponto seguinte. Afinal, os passageiros estavam desconfiando que ele podia fazer parte do bando.

O superatleta

Com a chegada de Telê Santana, em 1990, Cafu continuou jogando como lateral-direito. Logo no primeiro ano como titular, Cafu foi vice-campeão brasileiro com o São Paulo. O time perdeu a final para o Corinthians por 1 a 0, mas o lateral já demonstrava que faria história no clube. O São Paulo iniciava um trabalho especial de preparação física e fisiologia do exercício. Os jogadores eram submetidos a testes de resistência e de medição do limiar anaeróbio promovidos pelo fisiologista Turíbio Leite de Barros e pelo preparador físico Moraci Sant'Anna. Ficavam alguns minutos correndo em uma esteira ergométrica com eletrodos fixados ao corpo e uma máscara com tubo de oxigênio para aprimorar a respiração.

O objetivo do exercício era testar a resistência de cada atleta a uma sobrecarga de esforço. O limiar anaeróbio é baseado no comportamento que as concentrações de lactato sanguíneo apresentam em diferentes intensidades de esforço. Quando essa intensidade é excedida, passa a existir um acúmulo de lactato, o que provoca a fadiga mais rapidamente. Em outras palavras, a perna fica mais pesada. Isso acontecia com vários jogadores. Mas Cafu era exceção. Seus testes eram sempre os melhores. Ele podia correr durante muito tempo com a esteira elevada para simular uma subida que não perdia o ritmo nem sentia a perna pesar. Era um superatleta.

A grande capacidade pulmonar de Cafu permitia ao técnico Telê Santana usar o jogador em diversas posições de acordo com a necessidade do time. Volante, meia, ponta-direita, ponta-esquerda e lateral-direito: Cafu rodou por várias posições no time. Na final do Campeonato Brasileiro de 1991, por exemplo, ele foi escalado como ponta-esquerda no lugar de Elivélton, que estava suspenso. Cafu

ficou responsável por marcar as subidas do lateral do Bragantino, Gil Baiano, e anulou a principal arma do adversário. O São Paulo foi campeão.

As aulas do mestre

Telê Santana sabia que Cafu tinha muito potencial, mas percebia no jovem jogador algumas falhas de fundamentos. Como não teve a oportunidade de treinar nas categorias menores dos clubes e começou tarde no futebol, Cafu chegou ao time profissional com defeitos. O principal era o cruzamento. Com sua velocidade e explosão muscular ele chegava bem à linha de fundo, livre da marcação do lateral-esquerdo adversário, mas na hora de cruzar era um problema. A bola saía alta demais, às vezes baixa demais, o chute ia direto para fora, sem direção, sem pontaria.

Perfeccionista, Telê ficava louco com os erros de cruzamento. Decidiu ele mesmo corrigir Cafu. Sempre ao final do treino colocava o lateral para cruzar bolas repetidas vezes. Quando Cafu começava a errar, o mestre Telê pegava a bola e preparava a sua lição ao pupilo.

"Cafu, quando você chega à linha de fundo, tem de cruzar a bola assim, ó!", esbravejava Telê, mostrando que o jogador precisava bater com a parte interna do pé na bola, de maneira que o chute saísse com efeito, a bola deveria girar sobre seu próprio eixo com a trajetória abrindo levemente para o centro do gramado, em vez de sair paralela à linha de fundo. Assim, o atacante que fosse receber o cruzamento pegaria a bola vindo ao seu encontro, e com um leve toque de cabeça daria força suficiente para jogá-la no fundo do gol.

Nem sempre Cafu acertava. Para aprimorar a pontaria, Telê propunha um novo exercício. "Está vendo aquele cesto de lixo pendurado no alambrado? Pois é, você vai chutar a bola nele", dizia Telê. Cafu tentava, e errava. "É muito difícil, professor", reclamava o jogador. Telê mostrava que não. Com mais de 60 anos, o treinador recolhia o apito no bolso, ajeitava a bola no gramado e chutava. Ela seguia em uma trajetória perfeita, direto no lixo. Pegava outra bola e mandava novamente: perfeito! Telê não errava uma. "Bom, agora é sua vez", ordenava o treinador. E lá ia Cafu fazer a lição de casa.

Outro exercício que Telê Santana promovia era obrigar os jogadores a fazer embaixadinhas com uma bolinha de tênis para aprimorar o controle e a habilidade. Os treinos deram resultado. Cafu se tornou um dos jogadores mais importantes do São Paulo na Era Telê, ao lado do goleiro Zetti, do lateral-esquerdo Leonardo, dos meias Raí e Palhinha e do atacante Müller. Nos seis anos que jogou pelo São Paulo, Cafu ganhou uma coleção de títulos. Foi campeão paulista em 1991 e 1992. Ganhou duas Libertadores da América (1992 e 1993), duas Recopas Sul-Americanas (1992 e 1993) e uma Supercopa (1993).

– O Telê foi muito importante na minha formação. Eu não era lateral, nem gostava de jogar naquela posição. Até chegar ao time profissional eu atuava na meia, e tinha que acertar passes de curta distância. Quando fui para a lateral direita tinha de saber cruzar a bola na cabeça do atacante. Era muito mais difícil – justifica Cafu.

O jogador foi ainda bicampeão mundial interclubes pelo São Paulo. Na primeira conquista, em 1992, Cafu atuou no meio de campo, ajudando na armação das jogadas do time no confronto contra o poderoso Barcelona. Vítor, seu reserva imediato, jogou naquele dia como titular da lateral direita. Já em 1993, diante do Milan, Cafu foi o lateral pela direita, com participação direta no primeiro gol da vitória do São Paulo por 3 a 2. Um cruzamento perfeito de Cafu deixou Palhinha livre na área para abrir o placar.

A chegada à seleção

Cafu chegou rapidamente à seleção brasileira. Sua estreia foi em 1990, quando Paulo Roberto Falcão assumiu o comando da equipe após o fracasso do Brasil na Copa do Mundo daquele ano, disputada na Itália. Falcão tinha como objetivo revelar novos jogadores para o time nacional e não poupou esforços para avaliar o maior número de atletas possível. O problema era a falta de tempo para treinar e entrosar a equipe. Assim, com um time comple-

tamente desentrosado, Cafu estreou com a camisa 7 do Brasil em um amistoso contra a Espanha, em Gijón.

Foi um desastre. Os espanhóis ganharam por 3 a 0. O bom goleiro Velloso, do Palmeiras, nunca mais jogou na seleção. Outros jogadores ficaram pelo caminho. Cafu sobreviveu ao teste. Falcão não duraria muito tempo no cargo, mas graças às suas experiências conseguiu revelar para o time do Brasil, além de Cafu, o zagueiro Márcio Santos e o volante Mauro Silva, que mais tarde seriam tetracampeões mundiais.

Em 1992, Cafu foi chamado para disputar o Torneio Pré-Olímpico, que valia classificação para as Olimpíadas de Barcelona. O time do Brasil, no papel, era muito bom. Além de Cafu, tinha Márcio Santos, Roberto Carlos, Dener, Bismarck e Élber. A participação, no entanto, foi desastrosa. Após o jogo em que o Brasil venceu o Paraguai por 1 a 0, em Assunção, o ponta-esquerda Elivélton, grande amigo de Cafu, recebeu uma pedrada vinda da torcida paraguaia. A pedra acertou sua cabeça provocando um grave ferimento. O incidente abalou toda a equipe. Elivélton não pôde mais jogar e o Brasil perdeu a partida seguinte para a Colômbia, e empatou com a fraca Venezuela, não conseguindo, assim, a classificação para os Jogos Olímpicos.

Campeão do mundo

Cafu, que surgia como uma boa revelação da lateral direita, continuou sendo chamado pelo novo técnico da seleção principal, Carlos Alberto Parreira, para ser reserva de Jorginho. O treinador confiava na experiência de Jorginho, que jogava no Bayern de Munique, da Alemanha, era mais eficiente que Cafu na marcação e tinha um cruzamento preciso. Cafu não se importou. Para quem tinha sido barrado em tantas peneiras na juventude, estar no grupo de 22 jogadores para disputar uma Copa do Mundo já era um sonho. Com esse espírito, foi aos Estados Unidos para disputar o Mundial de 1994.

O Brasil estava bem servido de laterais com Jorginho pela direita e Leonardo pela esquerda. A seleção venceu as duas primeiras partidas, contra Rússia e Camarões, e empatou com a Suécia no terceiro jogo da fase de grupos. Na partida contra os Estados Unidos, pelas oitavas de final, Leonardo foi expulso. Para cobrir aquele setor, o técnico Parreira colocou Cafu no início do segundo tempo. O jogador entrou no lugar de Zinho e, com seu poder de adaptação, executou bem o papel de lateral-esquerdo.

No jogo seguinte, contra a Holanda, Cafu entrou nos minutos finais no lugar de Branco, que tinha marcado o gol da vitória do Brasil. Assim, com a experiência de ter participado de dois jogos, Cafu ganhou a confiança do treinador quando precisou entrar em campo na final daquela Copa diante da Itália. Jorginho sentiu uma lesão muscular logo no começo da partida e pediu para ser substituído. Cafu foi chamado pelo treinador. "Eu, professor?", disse, sem acreditar que iria disputar uma final de Copa do Mundo.

Aquele jogo foi muito equilibrado. Fazia um calor absurdo em Pasadena, região de Los Angeles, na final marcada para o meio-dia da Califórnia. O jogo terminou 0 a 0 no tempo normal e seguiu sem gols na prorrogação. A decisão foi para os pênaltis e o Brasil levou a melhor depois que Roberto Baggio mandou sua cobrança por cima do gol.

O gol que Romário não fez

Mas a história poderia ter sido um pouquinho diferente. O Brasil teve duas boas chances de gol naquela partida. A primeira foi um chute do volante Mauro Silva. A bola escapou das mãos do goleiro e só não entrou porque bateu na trave.

A segunda chance poderia ter consagrado o jovem Cafu. No segundo tempo da partida, ele recebeu um lançamento em velocidade pela direita, foi à linha de fundo e cruzou rasteiro, batendo na bola do jeitinho que Telê Santana havia lhe ensinado. A bola passou por toda a pequena área da Itália e foi parar na medida para o chute do artilheiro Romário. Era só empurrar para o gol. Romário, no entanto, quis dar mais um efeito no arremate e acabou mandando a bola para fora.

Mudança de ares

Em 1995, o lateral Jorginho fez sua última partida pela seleção brasileira e transferiu para Cafu a titularidade da posição. Naquela época, o lateral iniciava uma série de mudanças em sua carreira. Cafu foi jogar no Zaragoza, da Espanha, onde foi pouco aproveitado. Ficou apenas seis meses no clube espanhol, foi campeão da Recopa da Europa, estando na reserva, e voltou ao Brasil.

O Palmeiras queria contratá-lo, apoiado pelo dinheiro vindo de seu patrocinador, a multinacional de laticínios Parmalat. Uma cláusula no contrato assinado por Cafu quando deixou o São Paulo, em 1994, impedia que ele jogasse no rival logo em seguida. O jeito foi emprestar o jogador ao Juventude de Caxias do Sul, outro time bancado pela Parmalat, até o prazo expirar e Cafu poder se apresentar ao Palmeiras.

O time palmeirense era dirigido por Wanderley Luxemburgo quando Cafu chegou, em 1995. O Palmeiras reunia grandes craques do futebol brasileiro como o zagueiro Cléber, os meias Rincón e Rivaldo, e os atacantes Müller e Edilson. Em 1996, reforçado por Luizão e Djalminha, o Palmeiras de Cafu ganhou o Campeonato Paulista com uma campanha histórica, marcando 102 gols em 30 jogos.

Sucesso na Roma

Cafu deixou o Palmeiras em maio de 1997. Foi para a Itália jogar na Roma, com o meia Vágner e o atacante Paulo Sérgio. Na época, Aldair já estava no elenco do time italiano. Foram seis temporadas a serviço da equipe. Com Cafu no time, a Roma foi campeã italiana na temporada 2000/2001. Foi o terceiro *scudetto* da história do clube, cuja última conquista havia sido em 1982/83, quando tinha Falcão no time, o "Rei de Roma".

Os italianos ficaram encantados com o carisma e o fôlego incansável de Cafu. Deram a ele o apelido de "Il Pendolino" (o "Trem Expresso") pela capacidade de correr como uma locomotiva. Cafu seguia no auge da forma.

Frustração em 1998

Paralelamente ao sucesso na Itália, Cafu seguiu como titular da seleção brasileira. Campeão da Copa América de 1997, disputada na Bolívia, Cafu jogou a Copa do Mundo de 1998, na França, com a camisa 2 da seleção. O Brasil tinha o veterano Zagallo como treinador, alguns remanescentes da conquista do tetra, como Taffarel, Dunga, Aldair, Leonardo, Bebeto e Ronaldo, além do próprio Cafu, mas já não tinha a mesma consistência do Mundial anterior. A defesa não estava tão segura como na Copa de 1994 e no ataque faltou Romário, cortado às vésperas do Mundial.

Para complicar, Ronaldo, o craque do time, passou mal no dia da final contra a França. O centroavante assistia à TV no quarto com o lateral-esquerdo Roberto Carlos quando, de repente, começou a ter uma convulsão. Os olhos reviraram, o jogador foi ficando roxo e passou a enrolar a língua. O Brasil vinha de um jogo dramático com a Holanda nas semifinais e aquela decisão poderia consagrar Ronaldo como o grande fenômeno do Mundial. Mas as circunstâncias da convulsão nunca foram bem explicadas. Cafu ficou assustado ao entrar no quarto e ver o colega se contorcendo, acudido pelo médico Lídio Toledo e assistido pelos jogadores Roberto Carlos, César Sampaio, Edmundo e André Cruz.

Ronaldo foi levado às pressas para uma clínica em Paris enquanto os jogadores, abalados, foram para o Stade de France disputar a final da Copa do Mundo. O resto da história é bem conhecido: Edmundo iria jogar, Ronaldo apareceu nos vestiários falando que estava bem, o médico da seleção "lavou as mãos", o técnico Zagallo ficou indeciso e aceitou escalar o atacante recém-convulsionado, Edmundo ficou bravo, o time não entrou em campo para fazer o aquecimento e sentir o clima da decisão, Zidane fez o que quis no primeiro tempo e o Brasil acabou derrotado por 3 a 0 pela seleção anfitriã.

O novo capitão

Em 1999, Cafu passou a ser o capitão da equipe, por opção do técnico Wanderley Luxemburgo após a conquista da Copa América, disputada no Paraguai. Cafu era um líder diferente em relação ao capitão anterior, o volante Dunga, famoso por gritar com todo mundo. Cafu procurava motivar os jogadores nas conversas de canto e fazia da sua dedicação em treinar, correr, jogar e viajar da Europa para onde quer que o Brasil jogasse com a mesma disposição dos tempos do Itaquaquecetuba, um exemplo aos demais jogadores.

Mesmo após a saída de Luxemburgo, a rápida passagem de Emerson Leão no comando da equipe e a chegada de Luiz Felipe Scolari, Cafu foi mantido como capitão do time brasileiro. Seu espírito coletivo casou bem com a filosofia da "Família Scolari", que se formou durante a Copa do Mundo de 2002, disputada na Coreia do Sul e no Japão. O Brasil venceu todos os seus jogos naquela Copa: Turquia, China, Costa Rica, Bélgica, Inglaterra, Turquia novamente e Alemanha. Ronaldo e Rivaldo foram os grandes astros da campanha brasileira. Cafu teve boa atuação, assim como o resto do time. Foi um capitão exemplar.

– Tinha certeza de que o Brasil iria ser campeão. Não deixaria escapar outra oportunidade de ser penta. O Brasil venceu os sete jogos e jogou com muita aplicação. É uma campanha que não se pode contestar – disse ele após disputar sua terceira final de Copa do Mundo.

Contratado pelo Milan

O sucesso como capitão do penta levou Cafu a receber propostas de vários clubes. O jogador estava pronto para fechar contrato com o Yokohama Marinos, do Japão. Seria o lugar ideal para ganhar dinheiro e jogar mais alguns anos já se preparando para encerrar a carreira. Mas, surpreendentemente, o Milan apareceu com uma proposta para o lateral brasileiro. Em 2003, com 33 anos de idade, Cafu foi jogar em um dos mais badalados clubes do mundo. Continuou morando na Itália com a mulher Regina e os filhos Danilo,

Wellington e Michele, e foi fazer parte de uma equipe recheada de astros do futebol mundial.

Cafu se tornou uma peça importante no esquema do técnico Carlo Ancelotti. A sua estreia no Milan foi em 1º de setembro de 2003, uma vitória sobre o Ancona por 2 a 0. Na sua primeira temporada, Cafu ajudou o Milan a ganhar a Supercopa Europeia e a conquistar o título do Campeonato Italiano, o segundo *scudetto* na carreira de Cafu.

E teve mais. Cafu encheu sua sala de troféus com a conquista da Copa dos Campeões, o mais importante torneio de clubes da Europa, e do Mundial Interclubes [o terceiro em sua carreira], ambos na temporada 2006/2007. Ele jogou no total 166 partidas pelo Milan e marcou quatro gols.

Recordes e revolta

Cafu parou de jogar em 2008. Ao término do seu contrato com o Milan, voltou ao Brasil para cuidar da Fundação Cafu, montada no Jardim Irene para promover trabalhos de inserção social das crianças da comunidade onde nasceu. Morando em Alphaville, bairro nobre de Barueri, na Grande São Paulo, que abriga condomínios de luxo, Cafu sentiu a perda do pai Célio, que morreu em junho daquele ano. Queria ficar mais perto da família. Tentou ainda continuar jogando, mas não encontrou nenhum clube com uma proposta que lhe agradasse. Resolveu parar.

O jogador percebeu certa animosidade criada desde a derrota do Brasil para a França na Copa do Mundo de 2006, disputada na Alemanha. Ele foi substituído no segundo tempo daquele jogo por Cicinho, na aposta do técnico Parreira em dar mais força ao lado direito do ataque do time. De nada adiantou.

– Achamos que iríamos ganhar todos os jogos com facilidade. Criou-se a expectativa do quarteto mágico, as pessoas achavam, não só no Brasil, que bastaria piscar os olhos para saírem os gols. As coisas não aconteceram assim e ficamos sobrecarregados – afirmou o capitão. – O jogo da seleção não funcionou porque todos queriam

espetáculo, e não teve espetáculo. As pessoas queriam ver os jogadores passando o pé em cima da bola, dando chapéu nos adversários, fazendo quatro, cinco gols por jogo. A seleção, ou melhor, alguns jogadores absorveram aquele clima. Eu não vou acusar ninguém. Eu acho que ganham todos e perdem todos. Claro que alguns são sempre mais crucificados que os outros.

Capitão novamente da equipe, conseguiu naquele Mundial bater o recorde de participações em Copas do Mundo e ainda consagrou sua marca com o maior número de jogos pela seleção. Cafu, por uma década, foi o dono da lateral direita. Outros 23 jogadores [Gil Baiano, Odair, Balu, Mazinho, Jorginho, Luis Carlos Winck, Giba, Charles, Vítor, Bruno Carvalho, Rodrigo, Flávio Conceição, Zé Maria, César Prates, Russo, Zé Carlos, Rogério, Evanílson, Belletti, Alessandro, Maurinho, Cicinho e Mancini] foram convocados, mas perderam na concorrência direta com ele.

Apesar de tudo isso, Cafu continuou sendo alvo de críticas. Muitos torcedores disseram que ele já estava muito velho para jogar na seleção [alguém com 36 anos é velho?] e que estaria mais preocupado em bater recordes pessoais do que ajudar o Brasil.

– Eu estava ali para colaborar. Se o Brasil chegasse à final, eu iria bater os meus recordes automaticamente. Mas, infelizmente, muitos jornalistas não colocaram dessa maneira. Se o Brasil caísse na primeira fase, eu não bateria meus recordes. Foram acontecendo naturalmente, eu não estava forçando para acontecer. Quando acabou a Copa, infelizmente algumas pessoas colocaram que eu só queria bater recordes, que não estava preocupado em jogar pela seleção – disse Cafu, em entrevista concedida no Brasil após o Mundial disputado na Alemanha.

Cafu não se importa com as críticas. Não vai deixar de lado seus valores e sua dedicação em ajudar o povo do Jardim Irene. E o tempo vai tratar de calar os críticos e consagrá-lo como um dos grandes laterais que o Brasil já viu jogar.

– A minha vida toda foi assim. Sempre tendo de dar a volta por cima. Até hoje, mesmo com tudo o que conquistei, ainda sou criticado. Só não entendo por que, já que nunca fiz mal a ninguém.

O capitão do penta está certo do seu valor histórico no futebol.

– Fui pioneiro nessa coisa do lateral que se transforma em ala. Ajudei a aperfeiçoar a posição, transformando o lateral em um jogador que também ataca. E o que eu fiz na seleção marcou e vai marcar por toda a vida. Sempre que falarem da seleção vão falar do Cafu e dizer que foi um cara que disputou quatro Copas do Mundo, chegou a três finais e ganhou duas.

Ivo Gonzalez/Agência O Globo

Capitão do penta, em 2002: a consagração de Cafu.

Zetti e Cafu na
final do Brasileiro
de 1990 contra o
Corinthians.

Claudinê Petroli/Agência O Globo

ENTREVISTA:

ZETTI

"Cafu foi muito além do sonho de ser jogador de futebol. Ele foi um guerreiro."

Zetti foi o goleiro do São Paulo na primeira metade da década de 1990. Herói da conquista do título da Taça Libertadores da América em 1992, quando defendeu um pênalti na disputa contra o Newell's Old Boys da Argentina, Armelino Donizetti Quagliato, o Zetti, conquistou ao lado de Cafu títulos importantes em sua carreira, como o bicampeonato sul-americano, o bicampeonato Mundial Interclubes e ainda a Copa do Mundo de 1994, como reserva de Taffarel.

Testemunha da formação de Cafu em seus primeiros anos como profissional, Zetti atribui aos ensinamentos do "mestre" Telê Santana o sucesso que o lateral-direito alcançaria ao longo de sua carreira. "O Telê tinha um carinho especial por Cafu, dedicava boa parte do seu tempo a ensinar e aprimorar os fundamentos do jogador", destaca Zetti.

O excelente preparo físico de Cafu e sua aptidão em se multiplicar dentro de campo funcionando como um "coringa" para o treinador permitiu ao São Paulo formar variadas estruturas táticas e surpreender os adversários, tendo-o sempre como peça fundamental no esquema do time. "Cafu jogou em quase todas as posições, só não foi goleiro", diz o ídolo da camisa 1 do São Paulo, que atuou ainda no Palmeiras, Santos, Fluminense e Sport, entre outros clubes.

Famoso por jogar com calças compridas, Zetti acompanhou Cafu também na seleção brasileira sem, no entanto, se firmar como titular

do time, ao contrário do colega. Para o goleiro, Cafu foi um dos jogadores mais completos que viu jogar. "Ele foi um guerreiro."

Você acompanhou o Cafu desde quando ele despontou no time de profissionais do São Paulo. De garoto-prodígio ele evoluiu até se tornar o capitão da seleção brasileira em duas Copas do Mundo. Cafu sempre mostrou essa tendência para liderança?
Cafu foi um líder com um estilo diferente de outros capitães que conheci. Não era como o Raí, do São Paulo, e muito menos com o jeito do Dunga. Ele é muito expressivo, está sempre brincando com os companheiros e é muito atencioso com todo mundo. Está sempre falando e se comunicando de uma forma sadia. Assim, acaba conquistando o grupo. Não precisa impor uma palavra sábia para dizer que é líder. O Cafu sempre foi um garoto.

Como você define o talento do Cafu como lateral-direito?
Ele foi sem dúvida um dos grandes jogadores da posição que eu vi jogar. O Cafu tinha uma característica que o tornava muito diferente da maioria dos jogadores de futebol. Ele tinha um fôlego impressionante. Não parava nunca de correr. Era sempre o atleta com o melhor desempenho nos testes físicos que o Moraci Sant'Anna [ex-preparador físico do São Paulo e da seleção brasileira] promovia entre os jogadores. Foi o início dos trabalhos de preparação individualizada para os atletas, e o desempenho do Cafu era fora do normal. Com essa capacidade de correr o campo todo, ele permitia ao treinador buscar várias alternativas táticas para o time, inclusive alternando o esquema de jogo durante a partida.

Como assim?
Quando Cafu chegou ao time de cima do São Paulo, o Telê Santana estava começando a montar a equipe que iria ganhar vários títulos na década de 1990. O Cafu às vezes jogava no meio de campo, às vezes na frente, às vezes como lateral. O Telê gostava muito da maneira de o Cafu jogar e procurava

aproveitar ao máximo a capacidade de ele se multiplicar em campo. O São Paulo podia, por exemplo, ter um atacante a mais que os adversários usando as subidas do Cafu pela direita. Se por acaso o time perdesse a bola no ataque, o Cafu conseguia rapidamente estar de volta à sua posição na defesa, por causa da grande capacidade física.

Ele era uma importante opção tática para o Telê, uma espécie de "coringa", certo?
Sem dúvida. Por exemplo, na final do Campeonato Brasileiro de 1991, contra o Bragantino, o Telê decidiu escalar o Cafu na ponta esquerda para segurar o Gil Baiano, que era o lateral-direito do time adversário e uma importante arma no apoio ao ataque. Então o Telê colocou o Zé Teodoro na lateral e o Cafu lá do lado esquerdo. O Cafu já jogou de zagueiro, volante, lateral-esquerdo, meia, ponta-direita, só não foi goleiro [risos].

Nos treinos o Telê pegava muito no pé do Cafu. Deixava-o por horas treinando cruzamentos e chutes a gol. Como o Cafu reagia a essas cobranças?
O Telê mandou construir alguns equipamentos especiais no Centro de Treinamento do São Paulo. Um deles era uma barra de madeira que ficava a uns 30 cm de altura do chão. O objetivo era fazer com que os jogadores chutassem sempre a bola rasteira, evitando dar aqueles chutes que acabavam no alambrado. Outra novidade era uma barreira com um buraco do tamanho de um cesta de basquete bem no meio. Era para o atleta treinar a pontaria. Telê cobrava muito dos jogadores. Dizia que a repetição do movimento é que levaria à perfeição. Ele insistia muito com o Cafu, às vezes até exagerando nos treinamentos. É que o Telê gostava de tudo perfeito e queria que o Cafu cruzasse as bolas com precisão. De tanto treinar ele se tornou um especialista nessa função. É só a gente lembrar, por exemplo, de um lance na final da Copa de 1994, quando o Cafu entrou no lugar do Jorginho. O Brasil fez uma jogada pela direita,

já no segundo tempo da partida, o Cafu chegou à linha de fundo e cruzou rasteiro, na medida para o Romário fazer o gol. Era o lance para consagrar qualquer atacante. Mas infelizmente o Romário errou a finalização.

Qual foi a importância do Cafu na conquista do bicampeonato mundial do São Paulo?
Ele foi fundamental. Na final do primeiro Mundial que o São Paulo ganhou, contra o Barcelona, em 1992, o Vítor jogou de lateral-direito e o Cafu ajudou a compor o meio de campo com o Palhinha, deixando o Raí e o Müller mais soltos na frente. Contra o Milan, em 1993, o Cafu jogou como lateral-direito. Foi dele o cruzamento para o Palhinha fazer o primeiro gol do São Paulo. Foi um jogo difícil e ele teve uma participação importante até para ajudar na marcação.

O Cafu é o jogador que mais atuou em partidas pela seleção brasileira, disputou três finais de Copa do Mundo, sendo duas vezes campeão mundial, foi capitão do time do penta em 2002, brilhou no São Paulo, no Palmeiras e na Itália. Por que, apesar de tudo isso, ele sempre teve seu potencial contestado?
Acredito que o jogador deve saber aproveitar bem as críticas que recebe. É uma oportunidade para saber qual é a sua capacidade de superação. O atleta mostra nessa hora que tem equilíbrio emocional para seguir em frente. O Cafu é um guerreiro. Desde pequeno ele sonhava em ser jogador de futebol. E nunca desistiu de correr atrás do seu sonho. Talvez jamais tivesse imaginado chegar um dia aonde chegou, como capitão de uma seleção campeã do mundo. Ele enfrentou inúmeras peneiras e nunca deixou de superar os obstáculos que encontrou pelo caminho. Por ser um guerreiro, passou batido por cima de tudo. Inclusive pelas críticas.

Como você acha que o Cafu será lembrado pelas próximas gerações?
Ele foi um jogador muito importante na história da seleção brasileira, não por ter sido capitão do time nem pelos recordes. A presença dele foi fundamental para o sucesso que o Brasil alcançou. Não é qualquer jogador que consegue chegar a três finais de Copa do Mundo consecutivamente. O Cafu conseguiu. O Brasil tem que ter esse reconhecimento eterno ao Cafu por tudo o que ele fez no futebol.

Alexandre Cassiano/Agência O Globo

CAPÍTULO 11

ROBERTO CARLOS

Roberto Carlos
conquistou muito além
daquilo que sonhou.
Genial, genioso, amado e
odiado, é acima de tudo
um vencedor.

Roberto Carlos é um jogador autêntico. Baixinho, pernas grossas, está frequentemente sorrindo e sempre colocou a cara para bater. Ao contrário de muitos jogadores, nunca fugiu das entrevistas depois que seu time perdeu. Jamais se deixou abater pelas críticas e aprendeu a suportar a pressão de torcedores, jornalistas, técnicos e dirigentes. Filho de lavradores, Roberto Carlos driblou o destino de passar a vida cortando cana graças ao talento, força e determinação para jogar. Poderia ter tido uma vida respeitável como um jogador mediano. Mas queria mais. Muito mais.

O lateral-esquerdo com nome de cantor se tornou uma das maiores estrelas do futebol mundial. Chegou perto de ser eleito o melhor jogador do mundo, algo raro para quem atua na sua posição. Ficou dez anos como titular da seleção brasileira. Disputou três Copas do Mundo, sendo campeão em uma e vice em outra. Brilhou no Palmeiras, na Internazionale de Milão, no Real Madrid e no Fenerbahçe, da Turquia. Roberto Carlos ganhou muito dinheiro jogando futebol. Alcançou fama e prestígio internacional. Conquistou muito mais do que seus pais sonhavam para ele.

Muita gente não gosta de Roberto Carlos. É comum encontrar torcedor que o considere mascarado, falastrão, arrogante, mercenário, displicente. Mas muita gente adora o Roberto Carlos. Sua alegria em jogar, disposição e dedicação ao time e os gols com o potente chute de pé esquerdo ganham cada vez mais adeptos no mundo.

"Sei das minhas qualidades e dos meus defeitos. Acho que muitas vezes posso ter sido mal interpretado. Já houve situações em que dei um sorriso de alegria, que foi visto como arrogância", disse Roberto Carlos em entrevista à revista *Placar*, pouco antes da Copa de 2002, na qual foi um dos destaques do Brasil na campanha do penta.

Amado ou odiado, Roberto Carlos é, sem dúvida, um dos melhores laterais da história do futebol. Ele não se priva de ostentar carros,

joias, casa bonita e curtir as coisas boas da vida. Afinal, trabalhou para isso. Como ainda está em atividade, pronto para escrever novos capítulos de sua brilhante trajetória, vai ser preciso esperar mais algum tempo para o mundo poder dimensionar a importância que ele teve para o esporte brasileiro e mundial.

Vai ser preciso ainda que o tempo apague as marcas deixadas pelo famoso "episódio da meia" – o lance ocorrido no gol que tirou o Brasil da Copa do Mundo de 2006, disputada na Alemanha. A França ganhou por 1 a 0 com um gol do atacante Thierry Henry escorando cruzamento de Zinedine Zidane. Roberto Carlos aparece na imagem parado na entrada da área arrumando a meia. Ele não acompanhou Henry, que ficou livre para marcar. Talvez não conseguisse fazer nada, já que o francês é mais alto do que ele.

O Brasil não jogou nada naquele dia, Zidane "comeu" a bola, como diz a expressão popular, a preparação do time foi desastrosa, muitos jogadores estavam acima do peso, mas a culpa pela derrota caiu toda sobre Roberto Carlos. Apesar de crucificado, o lateral nunca fugiu das cobranças. Argumentou que a jogada treinada determinava que ele deveria ficar ali mesmo onde estava, para aproveitar o rebote e iniciar um contra-ataque. E nunca delatou quem, em sua opinião, falhou naquele lance.

Tempo ao tempo

E o tempo começou a mostrar como Roberto Carlos é importante. Ele nunca mais foi convocado para a seleção brasileira desde aquela derrota em 2006. O novo treinador, o ex-jogador Dunga, que foi colega de Roberto Carlos na seleção, revirou o mundo atrás de um novo lateral-esquerdo capaz de substituí-lo. Testou vários jogadores. Alguns mais experientes, outros mais novatos. Ninguém conseguiu convencer.

Chega o ano de 2010, com mais uma Copa do Mundo em vistas, e o Brasil pode ir para a África do Sul sem um lateral-esquerdo de consenso. Das opções possíveis, nenhuma supera o carisma, a técnica e o currículo de Roberto Carlos. Aos 37 anos, o jogador seria a opção mais viável para disputar um Mundial, como aconteceu com Nilton Santos, ele mesmo, o craque do primeiro capítulo deste livro, que com toda a sua experiência levou o Brasil ao bicampeonato.

O Corinthians se rendeu ao talento de Roberto Carlos. Para poder brilhar no ano do seu centenário, em 2010, o clube anunciou a contratação do lateral-esquerdo para ser um dos pontos de referência do time ao lado do centroavante Ronaldo Fenômeno, amigo e parceiro de Roberto Carlos de longa data. O clube paulista quer comemorar 100 anos com o inédito título de campeão da Taça Libertadores da América, e Roberto Carlos, um torcedor declarado do Santos, que fez história no Palmeiras, foi contratado para reforçar o "bando de loucos" do Corinthians.

A infância na zona rural

Roberto Carlos da Silva nasceu em uma fazenda de café no município de Garça, na região noroeste do estado de São Paulo, no dia 10 de abril de 1973. Os pais deram ao filho o nome em homenagem ao cantor famoso, apostando que aquilo poderia lhe trazer sorte e um futuro digno em sua vida. Eles trabalhavam no cultivo da lavoura e quando não era época de colheita buscavam sustento em outras atividades. Ainda menino, Roberto Carlos chegou a ajudar o pai no trabalho em uma tecelagem da cidade onde nasceu.

A primeira bola de futebol ele ganhou do pai quando tinha apenas 3 anos de idade. Roberto Carlos gostava de brincar com os amigos e passava o dia batendo bola e mostrando já os primeiros sinais de uma habilidade incomum com a perna esquerda.

Em 1981, então com 8 anos de idade, Roberto Carlos mudou com a família para Cordeirópolis, cidade a 15 km de Araras, região onde despontam lavouras de cana-de-açúcar e usinas de fabricação de açúcar e álcool. Foram morar na casa da sua avó materna. A mudança permitiu ao menino ficar mais perto do futebol. O garoto passou a jogar bola com o pai nos duelos de times de gente grande. Logo

veio o convite para atuar no time de funcionários de uma fábrica de aguardentes.

Nos campeonatos amadores, Roberto Carlos destacava-se por sua agilidade e velocidade. Ele foi convidado para defender o time da cidade nos Jogos Abertos do Interior. Jogava na ponta esquerda ou na meia, nunca de lateral. Aos 14 anos, veio o convite para atuar nas categorias de base do União São João de Araras. E Roberto Carlos agarrou essa oportunidade com todas as forças.

Revelação do futebol brasileiro

Foram seis anos defendendo o time de Araras. Na época, Roberto Carlos trabalhava também em uma tecelagem para ajudar no sustento da casa. Quando chegou ao time profissional do União São João, sua sorte começou a mudar. Foi jogar como lateral-esquerdo e logo se destacou nas partidas de sua equipe pelo Campeonato Paulista.

Roberto Carlos corria muito e tinha um chute poderosíssimo. Em 1991 veio a convocação para atuar pela seleção brasileira sub-20 no Mundial de Juniores disputado em Portugal. O Brasil fez uma campanha brilhante. O time tinha Roberto Carlos na lateral esquerda, e ainda se destacavam o goleiro Roger, os meias Marquinhos e Djair, e os atacantes Paulo Nunes e Élber.

A equipe chegou à final contra Portugal. O craque do time português era o meia Luís Figo. O jogo terminou empatado por 0 a 0 e foi decidido nos pênaltis. Portugal venceu por 4 a 2 e ficou com a taça.

O Brasil era dirigido pelo técnico Ernesto Paulo, que foi designado para comandar a seleção no Torneio Pré-Olímpico de 1992, que seria disputado no Paraguai. O treinador chamou alguns jogadores do time sub-20, entre eles Roberto Carlos. Mas o desempenho do Brasil não foi bom e o time não conseguiu o objetivo de se classificar para os Jogos Olímpicos de Barcelona.

Contratado pelo Palmeiras

No final daquele mesmo ano, Roberto Carlos foi contratado pelo Palmeiras, que pagou US$ 500 mil pelo seu passe. O clube paulista iniciava uma era vencedora com a ajuda do patrocínio da multinacional de laticínios Parmalat. Outros jogadores logo se juntariam a Roberto Carlos para formar a equipe: o centroavante Evair, que estava na Atalanta, da Itália; o atacante Edmundo, revelado pelo Vasco; os meias Edílson, do Guarani, e Zinho, do Flamengo; o volante Mazinho, que estava na Fiorentina, também da Itália, e o zagueiro Antônio Carlos, revelado pelo São Paulo e que tinha passado pelo Albacete, da Espanha.

O time foi montado pelo técnico Otacílio Gonçalves, mas foi com a chegada de Wanderley Luxemburgo que o Palmeiras deslanchou. Em 1993, o clube foi campeão paulista, acabando com uma agonia de quase 17 anos sem títulos. O Palmeiras venceu o rival Corinthians na final por 4 a 0 e fez a torcida explodir em alegria: "Chora Viola, imita o porco agora!", cantava a torcida palmeirense, provocando o centroavante corintiano que tinha feito o gol da vitória de sua equipe no primeiro jogo e comemorado imitando um porquinho, animal-símbolo adotado pelo Palmeiras.

Logo em seguida, Roberto Carlos comemoraria mais um título para o Palmeiras, o do Torneio Rio-São Paulo, com mais uma vitória sobre o Corinthians na disputa pelo título. No final do ano, veio a conquista do título brasileiro, batendo o Vitória da Bahia na decisão. O Palmeiras era o melhor time do país.

A campanha vitoriosa prosseguiu em 1994. O Palmeiras foi novamente campeão paulista naquele ano e Roberto Carlos foi um dos destaques do time. Com 22 anos, o jogador mostrava um fôlego incrível em campo, corria o tempo todo, batia faltas de longa distância com muita força e mostrava habilidade e liderança.

Jogador de seleção

Àquela altura, Roberto Carlos já era um jogador no nível de seleção brasileira. Sua estreia na seleção principal do Brasil foi em uma partida contra os Estados Unidos, ainda em 1992, logo depois do fracasso no Torneio Pré-Olímpico. Convocado pelo técnico Carlos Alberto Parreira, Roberto Carlos seguiu como titular do time na Copa América de 1993, disputada no Equador. O Brasil foi eliminado pela Argentina da competição em uma disputa por pênaltis.

Naquela época, Roberto Carlos enfrentava a concorrência de outros dois grandes laterais do futebol brasileiro: Branco, que era o titular da seleção brasileira até então, e Leonardo, que tinha se destacado no São Paulo e atuava no Valencia, da Espanha. A disputa foi intensa. Era muito talento para só um lugar no time.

Nas Eliminatórias para a Copa do Mundo dos Estados Unidos, Parreira optou por escalar o mais experiente. Branco foi titular, Leonardo ficou na reserva e Roberto Carlos dançou. De fora da lista final para a Copa do Mundo, Roberto Carlos ainda teve um suspiro de esperança quando veio dos Estados Unidos a notícia de que Branco estava mal, tinha perdido a posição para Leonardo e vinha sentindo fortes dores nas costas. Havia o boato de que o jogador seria cortado da delegação. Roberto Carlos chegou até a fazer as malas para viajar para os Estados Unidos. Mas a notícia não se confirmou. Branco foi mantido no elenco, fez tratamento intensivo, se recuperou e ainda foi um dos heróis da conquista do tetra.

A hora e a vez

No final de 1994, Roberto Carlos voltou a ser campeão brasileiro pelo Palmeiras. A decisão foi contra o Corinthians, que tinha contratado justamente o lateral-esquerdo Branco. O Palmeiras tinha o reforço de Rivaldo, um ex-corintiano com sede de vingança. Foi mais uma conquista em cima do rival. Roberto Carlos venceu o duelo particular com Branco, mostrando que estava pronto para herdar a camisa 6 da seleção brasileira. E assim aconteceu.

Já na Copa América de 1995, Roberto Carlos surgia como titular absoluto da lateral esquerda da seleção brasileira. O Brasil foi vice-campeão daquele torneio perdendo o título nos pênaltis para o Uruguai. Roberto Carlos fez uma das cobranças e marcou o gol. O centroavante Túlio foi quem perdeu o pênalti decisivo.

No ano seguinte, Roberto Carlos integrou a seleção olímpica que partiu para Atlanta, nos Estados Unidos, como favorita para conquistar uma medalha de ouro inédita para o esporte brasileiro. Comandada pelo técnico Mario Jorge Lobo Zagallo, a equipe era formada por jogadores com idades até 23 anos, inclusive Roberto Carlos, e mais três acima desse limite: o zagueiro Aldair, o meia Rivaldo e o atacante Bebeto.

O time brasileiro tinha ainda nomes como Dida, Juninho Paulista, Sávio, Zé Elias, Flávio Conceição e o atacante Ronaldo, que na época jogava no PSV Eindhoven da Holanda e ainda não tinha o apelido de "Fenômeno". A estreia foi desastrosa, com derrota para o Japão por 1 a 0. Ainda assim, o Brasil seguiu adiante na competição até perder para a Nigéria por 4 a 3 na semifinal. Como consolo, goleou a seleção de Portugal por 5 a 0 na disputa pelo terceiro lugar e ficou com a medalha de bronze.

Transferência para a Europa

Pouco antes de disputar aquela Olimpíada, Roberto Carlos fez sua última partida pelo Palmeiras na decisão do Campeonato Paulista de 1995. O time perdeu o título para o Corinthians em um jogo no qual o lateral-esquerdo chutou um pênalti para fora. Roberto Carlos já tinha acertado sua transferência para o futebol italiano. Foi contratado pela Internazionale de Milão por US$ 7 milhões.

Os italianos ficaram encantados com a simpatia e a dedicação do brasileiro. Logo em sua primeira partida pela Inter, ele fez o gol da

vitória sobre o Vicenza por 1 a 0. No dia seguinte, era manchete dos principais jornais esportivos italianos. Roberto Carlos teve de se adaptar rapidamente ao estilo de jogo na Itália. Acostumado ao sistema com quatro jogadores de defesa que tinha no Palmeiras, o lateral passou a atuar com mais liberdade para atacar na Inter.

A equipe de Milão tinha três zagueiros cuidando das coisas lá atrás, e Roberto Carlos ficava com a missão de municiar o ataque pelo lado esquerdo. Era quase um ponta-esquerda. Assim, ele estava constantemente participando das jogadas ofensivas e com possibilidades de chutar a gol. Virou figura importantíssima no esquema da equipe e passou a chamar a atenção da imprensa europeia em geral.

Segundo melhor do mundo

Dez meses de Internazionale foram suficientes para Roberto Carlos receber uma proposta irrecusável do Real Madrid. Em 1996, os clubes da Espanha já contavam com um forte investimento de empresas e da televisão para contratar os melhores jogadores do mundo. Roberto Carlos entrou nesta lista de astros da Liga Espanhola. Logo no primeiro ano, se destacou ajudando o Real Madrid a conquistar os títulos das temporadas 1995-96 e 1996-97.

O brasileiro teve de conviver com o preconceito e as manifestações de racismo e xenofobia de torcedores espanhóis. Um episódio marcante ele viveu no dia em que completou 24 anos. Depois de sair de um restaurante, encontrou seu carro pichado com a palavra "macaco". Nos jogos contra o Barcelona, Roberto Carlos era uma das vítimas dos insultos vindos da plateia.

Roberto Carlos respondia com gols e jogadas brilhantes. Suas atuações pelo Real Madrid lhe valeram a indicação para o prêmio de melhor jogador do mundo em 1997. Nunca um lateral havia conquistado o troféu concedido desde 1991 pela Fifa. Ele quase conseguiu. O vencedor foi o atacante Ronaldo, que já era considerado um fenômeno jogando pela Internazionale. Roberto Carlos ficou em segundo lugar, à frente do francês Zidane e do holandês Dennis Bergkamp.

Com o troféu de "vice melhor do mundo", o brasileiro repetiu a marca de outro lateral famoso, o italiano Paolo Maldini, que também ficou em segundo lugar na premiação da Fifa em 1995.

Campeão europeu e mundial

No ano de 1998, Roberto Carlos conquistou outros dois títulos importantíssimos pelo Real Madrid: a Copa dos Campeões e o Mundial Interclubes. O título europeu foi conquistado com uma vitória por 1 a 0 sobre a Juventus, time de Zidane. O Mundial Interclubes, no final daquele ano, veio com uma vitória sobre o Vasco, campeão sul-americano, em decisão disputada no Japão.

O Real Madrid venceu por 2 a 1, e Roberto Carlos teve atuação decisiva na partida. Foi dele o cruzamento que originou o primeiro gol do time espanhol. A bola chutada pelo brasileiro desviou no volante Nasa, do Vasco, e enganou o goleiro Carlos Germano. Juninho Pernambucano empatou a partida, mas Raúl fez o segundo gol do time madrilenho, que levou a taça.

Dois anos depois, voltaria a conquistar a Copa dos Campeões da Europa com o Real Madrid. A final de 2000 reuniu dois clubes espanhóis, o Real Madrid e o Valencia, e a turma de Roberto Carlos levou a melhor com uma vitória por 3 a 0. No entanto, na decisão do título mundial no Japão, contra o Boca Juniors, da Argentina, Roberto Carlos fez um gol, mas o Real Madrid foi derrotado por 2 a 1.

Em 2002, já com o providencial reforço do francês Zidane, o Real Madrid ganharia mais um título da Copa dos Campeões, batendo desta vez o Bayer Leverkusen, da Alemanha, na decisão. O atacante Ronaldo se juntou ao time em seguida e participou da conquista do título mundial interclubes naquele mesmo ano. O clube ganhou depois a companhia de outro astro, o inglês David Beckham. Jogar no Real Madrid era chique demais.

Em 11 anos a serviço do clube espanhol, Roberto Carlos foi bicampeão mundial interclubes, tricampeão europeu, campeão da Supercopa da Europa, tetracampeão espanhol e tricampeão da Copa da

Espanha. O lateral-esquerdo brasileiro escreveu seu nome em um dos clubes mais importantes do mundo.

A força do chute

Roberto Carlos sempre gostou de bater forte na bola. Longa distância do gol nunca foi um impedimento para o lateral-esquerdo das coxas grossas. A força no pé esquerdo lhe valeu o apelido de "patada atômica", além de comparações com outros grandes cobradores de falta que o futebol brasileiro revelou, como Rivellino, Nelinho e Eder, famosos pela potência dos seus chutes.

A vantagem de Roberto Carlos em relação aos seus antecessores é que a evolução da tecnologia do material esportivo favoreceu os bons cobradores. Os fabricantes desenvolveram chuteiras capazes de concentrar melhor a força do chute. A bola também evoluiu. Passou a conter camadas de espuma sintética, constituídas por uma série de microcélulas produzidas com ar comprimido que aumentam o controle e a precisão dos chutes, que ganharam potência, velocidade e maior possibilidade de adquirir efeito. A bola ficou mais rápida e o goleiro teve de aprimorar o seu tempo de reação aos arremates.

Jogando pelo União São João e pelo Palmeiras, Roberto Carlos já tinha mostrado a força de sua canhota, mas foi no Real Madrid que o lateral marcou belos gols de longa distância, favorecido por um esquema tático que lhe permitia estar em constante contato com o ataque e, sem dúvida, pela melhor qualidade dos gramados europeus. Um gol espetacular ele fez quase da linha de fundo, junto à bandeirinha de escanteio, em um jogo do Real Madrid pelo Campeonato Espanhol. O lateral chutou uma bola paralela à linha do gol, com força e efeito. O goleiro imaginou que iria cortar um cruzamento e deixou a meta, sendo surpreendido pela curva da pelota.

O gol mais lembrado de Roberto Carlos, no entanto, foi o que ele marcou em um jogo do Brasil contra a França, em 1997. O chute partiu da intermediária. O goleiro francês Fabien Barthez armou bem a barreira, cobrindo o lado esquerdo do gol que defendia, e se posicionou um pouco mais à direita. Roberto Carlos tomou distância e mirou no último homem posicionado na barreira, mais ao lado esquerdo. O chute saiu forte e com efeito. A bola passou ao lado dos jogadores franceses e, quando todos esperavam que ela saísse pela linha de fundo, fez uma curva perfeita em direção ao gol. Barthez nem se mexeu. Incrédulo, o goleiro carequinha viu a "bomba" de Roberto Carlos bater na trave e entrar. Foi um golaço.

Uma bola chutada por Roberto Carlos pode atingir a velocidade de 120 km/h. De acordo com uma pesquisa feita por Metin Tolan, da Universidade de Dortmund, na Alemanha, a mecânica quântica pode explicar o sucesso das bolas chutadas pelo lateral brasileiro. Um dos segredos é bater na bola com força e, ao mesmo tempo, com efeito. A pressão sobre o corpo empurra a bola fazendo-a voar em curva. O tipo de costura e os gomos da esfera são determinantes na criação de turbulência no ar. Para qualquer goleiro, esta teoria é sinônimo de desespero.

Os erros na primeira Copa

Roberto Carlos estava empolgado e ansioso por brilhar na Copa de 1998. Tamanha ansiedade acabou atrapalhando o seu desempenho naquele Mundial. O time do Brasil não foi brilhante. Venceu a Escócia na estreia e Marrocos no jogo seguinte, mas perdeu para a Noruega ainda na primeira fase. Passou fácil pelo Chile, mas encontrou muitas dificuldades nas quartas de final, quando enfrentou a Dinamarca. O Brasil venceu por 3 a 2, mas Roberto Carlos falhou feio no segundo gol dos dinamarqueses. Ele tentou dar uma bicicleta dentro da área para cortar um cruzamento, mas errou a acrobacia. A bola caiu nos pés de Brian Laudrup, que fez o gol.

A lição não serviu. Na final contra a França, Roberto Carlos tentou fazer embaixadinhas para levantar a bola e chutá-la para bem longe quando era acossado por um adversário junto à linha de fundo. Mais uma vez ele errou o movimento e acabou cedendo o escanteio para a França pelo lado direito. O lance originou o primeiro gol dos franceses, marcado por Zidane aproveitando o cruzamento vindo do escanteio.

Aquele 12 de julho de 1998 não era mesmo um bom dia para o futebol brasileiro nem para Roberto Carlos. Horas antes da partida, o lateral-esquerdo viveu momentos de angústia e desespero no quarto da concentração do Brasil no Chateau de Grand Romaine, em Lesigny, ao sul de Paris. Logo após o almoço, o jogador conversava com seu companheiro de quarto Ronaldo quando, de repente, o colega começou a passar mal. Ronaldo teve uma convulsão e Roberto Carlos, assustado, precisou acudir o amigo e chamar ajuda. Ronaldo entrou em campo na decisão contra a França. Atordoado, nada produziu. Roberto Carlos e o resto do time também não. Era o dia da glória de Zidane.

A conquista do penta

Quatro anos depois, no entanto, a história foi outra. A França de Zidane fez feio e foi eliminada na primeira fase da Copa do Mundo de 2002, disputada em dois países-sede: Japão e Coreia do Sul. O Brasil, por sua vez, mostrou uma união e vontade de vencer que não se via desde 1994. Sob o comando do técnico Luiz Felipe Scolari, o time deixou as vaidades de lado e mostrou ser capaz de vencer com o jogo coletivo aliado ao talento de Ronaldo, Rivaldo e Ronaldinho Gaúcho.

Roberto Carlos aprendeu com os erros de 1998 e mudou de postura naquela Copa. Parou de querer dar bicicletas, embaixadinhas e outras jogadas de efeito e passou a jogar com raça e eficiência tática. O lateral-esquerdo fez um gol na vitória do Brasil por 4 a 0 sobre a China, no segundo jogo daquele mundial [o time tinha vencido a primeira partida contra a Turquia por 2 a 1]. O goleiro chinês nem viu a bomba de Roberto Carlos passar por entre os zagueiros que formavam a barreira e estufar as redes. Foi o primeiro e único gol de Roberto Carlos em Copas do Mundo.

O lateral não atuou na terceira partida. Seu substituto, Júnior, jogou bem contra a Costa Rica e fez até um dos gols da vitória brasileira por 5 a 2. O técnico Felipão, no entanto, nem sonhou manter a substituição nos jogos seguintes. A experiência de Roberto Carlos era fundamental para o time, na avaliação do treinador.

O Brasil passou pela Bélgica (2 a 0) e chegou às quartas de final para enfrentar a Inglaterra. Roberto Carlos teria a missão de marcar o inglês David Beckham, um dos jogadores mais badalados do mundo, famoso por seu estilo *fashion*, um bom moço com atitude de *bad boy*, enfim, um símbolo do marketing que tomou conta do futebol no século XXI. Beckham, que depois seria companheiro de Roberto Carlos no Real Madrid, é bom jogador, exímio cobrador de falta e excelente nos cruzamentos, mas a propaganda que se faz em torno de sua imagem é proporcional à de um Pelé.

A verdade é que Roberto Carlos não deu chances para Beckham. A força do brasileiro intimidou o futebol do "príncipe" britânico. A Inglaterra vencia o jogo por 1 a 0 quando, no final do primeiro tempo, a bola foi lançada em direção a Beckham pelo lado esquerdo da defesa brasileira. O jogador tentou chegar na bola, junto à linha lateral, mas Roberto Carlos foi mais rápido e entrou de carrinho. Assustado, Beckham deu um pulo. Fugiu da dividida. Pipocou. Roberto Carlos "roubou" a bola, lançou para Ronaldinho Gaúcho, que tocou para Rivaldo, que fez o gol de empate. No segundo tempo, Ronaldinho Gaúcho marcou o segundo gol, cobrando falta. E o Brasil seguiu adiante.

Com a mesma seriedade, Roberto Carlos atuou na semifinal contra a Turquia e na decisão diante da Alemanha. Criou jogadas, arriscou chutes a gol e deu proteção à defesa. Cumpriu seu papel de lateral-esquerdo. Fez sua parte e deixou que Rivaldo e Ronaldo Fenômeno brilhassem. E pôde soltar o grito de pentacampeão. No final de 2002, ele foi eleito o melhor jogador do mundo pela revista francesa *L'Equipe*. Foi a consagração.

O caso da meia

Quatro anos depois, embalado pelos títulos da Copa América de 2004 e da Copa das Confederações de 2005, o Brasil chegou a mais um Mundial como favorito. Roberto Carlos, no en-

tanto, era contestado por parte da imprensa que achava que era hora de dar a vez a outro lateral. O mesmo acontecia com Cafu, o lateral-direito. O técnico era novamente Carlos Alberto Parreira, com a supervisão de Zagallo, sonhando reviver a glória de 1994. O "Quadrado Mágico" formado por Kaká, Ronaldinho Gaúcho, Ronaldo e Adriano era a maior aposta. A preparação do time em Weggis, na Suíça, foi marcada por baladas, falta de organização e falta de seriedade.

O grupo já não tinha a mesma união da equipe de 2002. Ronaldo e Adriano se apresentaram muito acima do peso e não entraram em forma a tempo. Kaká, que achava que aquela seria a sua Copa, acabou isolado diante de tanta bagunça.

Sem comando, mas ainda com muito talento em campo, o Brasil foi indo, passou por Croácia, Austrália, Japão e Gana. Roberto Carlos não atuou na partida contra o Japão. Como em 2002, o lateral que entrou em seu lugar fez o gol – desta vez, era o jogador Gilberto. A imagem da TV mostrou Gilberto comemorando muito enquanto Roberto Carlos assistia ao jogo deitado no chão em frente ao banco de reservas do Brasil. Sequer se levantou para festejar.

Quando a seleção enfrentou um adversário "de verdade", perdeu. A França não deu chances ao Brasil na partida que indicaria um dos semifinalistas da Copa. Zidane, prestes a encerrar a carreira, fez o que quis com a bola. Os brasileiros sentiram o domínio do adversário, esqueceram da força mostrada em 2002 e reviveram o trauma de 1998. A derrota naquela partida estava mais do que anunciada. O gol, como diria Parreira, seria um mero detalhe.

Em uma falta cobrada por Zidane pelo lado esquerdo, a defesa brasileira bobeou e Henry escorou para o gol. Roberto Carlos ficou parado na entrada da área e não foi na bola. Com 1,68 m de altura, não teria muita chance na disputa com o grandalhão francês. Roberto Carlos se justificou:

– O lance do gol da França foi uma jogada normal. Não era função minha marcar o Henry. Eu tinha de ficar no rebote, na entrada da área. Por isso estava ajeitando a meia. Eu estava no lugar certo, no lugar que o Parreira definiu para eu estar. Depois daquele gol, tivemos 35 minutos para marcar um gol. Não marcamos e fomos eliminados.

Foi o último jogo de Roberto Carlos na seleção brasileira. Em 16 anos de convocação ele só perdeu três jogos, para a Noruega e França (1998) e o de 2006, novamente diante dos franceses. Nesse período, 20 outros laterais-esquerdos foram testados: Lira, Branco, Nonato, André Luiz, Jefferson, Rodrigo, Zé Roberto, Júnior, Felipe, Serginho, Athirson, Silvinho, César, Léo, Roger, Kleber, Paulo César, Gilberto, Dedê e Gustavo Nery. Nenhum chegou perto de sua sombra. Roberto Carlos jogou 147 partidas e marcou 12 gols com a camisa do Brasil (incluindo a seleção olímpica).

Investimentos e família

Em 2007, Roberto Carlos deixou o Real Madrid e foi jogar no Fenerbahçe, da Turquia. Virou ídolo em Istambul. Foi campeão da Supercopa da Turquia. No final de 2009, o jogador iniciou as conversas para jogar pelo Corinthians em 2010. Convencido pelo amigo Ronaldo, que tinha se tornado ídolo da Fiel, Roberto Carlos decidiu aceitar o desafio. No dia 4 de janeiro do ano do centenário corintiano, Roberto Carlos foi apresentado pelo clube à torcida com uma grande festa no Parque São Jorge.

O jogador também gosta de investir em outras áreas do entretenimento. Fã do piloto alemão Michael Schumacher, Roberto Carlos colocou dinheiro na formação de uma equipe de Stock Car, a RC3 Bassani, e em parceria com o holandês Clarence Seedorf montou uma escuderia de motociclismo. Fã de música, Roberto Carlos patrocinou o grupo de forró Calcinha Preta, o cantor Fábio Júnior e a dupla sertaneja Tonny e Kléber. Montou também uma grife de roupas comercializadas na Rua Oscar Freire, reduto de lojas de alta costura em São Paulo. No futebol, fez parceria com o colega pentacampeão Juninho Paulista para reestruturar o Clube Atlético Ituano, onde Juninho foi revelado.

Embora nunca tenha feito propaganda disso, Roberto Carlos comprou os equipamentos necessários para a instalação de uma Unidade de Terapia Intensiva na Santa Casa de Misericórdia de Araras, onde começou a jogar bola.

Também em Araras, Roberto Carlos conheceu um bebê que estava entre a vida e a morte. O menino sofria de uma grave anomalia cardíaca, um sopro no coração, e não teria como sobreviver se não fosse operado. Com a ajuda de um advogado amigo, Roberto Carlos e sua esposa na época, Alexandra, entraram com o processo de adoção e conseguiram levar o bebê de cinco meses para Madri, onde foi submetido a uma cirurgia. "Vivi dias horríveis; saía dos treinos e ia direto para o hospital. Passei noites em claro ao lado do meu novo filho, sem saber o que poderia acontecer."

Hoje, Roberto Carlos Júnior integra o "time da casa" de Roberto Carlos, que também conta com Roberta e Giovanna, suas filhas com Alexandra. Ele também reconheceu a paternidade do menino Carlos Eduardo, fruto de uma relação com a estudante de Jornalismo paranaense Simone Hamilko, de Curitiba. Roberto Carlos é ainda pai de Rebeca, Christopher e Luca, de mães diferentes. Ele apresentou-se ao Corinthians com a esposa Mariana Lucon, com quem se casou em 2009 em uma cerimônia de alto luxo, grávida de sete meses de uma menina. Roberto Carlos nunca fugiu de suas responsabilidades.

Roberto Carlos no dia em que chegou ao Corinthians, em janeiro de 2010.

Marcos Alves/Agência O Globo

ENTREVISTA:

ZAGALLO

"[Roberto Carlos foi] sem dúvida o melhor lateral-esquerdo que surgiu no Brasil nos últimos anos"

Este livro não poderia terminar sem a palavra de um homem que viveu de perto as grandes conquistas e agonias do futebol brasileiro. Mário Jorge Lobo Zagallo viu o Brasil perder a Copa do Mundo de 1950, no Maracanã, servindo como soldado na guarda do estádio. Mais tarde se tornaria o maior vencedor da história dos Mundiais, com dois títulos como jogador, em 1958 e 1962, um como técnico, em 1970, e um como coordenador, em 1994.

Zagallo foi ainda o treinador da seleção nas Copas de 1974 e 1998, e novamente coordenador-técnico em parceria com Carlos Alberto Parreira no Mundial de 2006. O "Velho Lobo", como é chamado, poderia falar sobre qualquer um dos personagens deste livro, a começar pelo primeiro, o lateral Nilton Santos, com quem conquistou muitas glórias atuando no Botafogo e na seleção brasileira; Carlos Alberto Torres, o capitão do tri; Leandro, que ele comandou no Flamengo; ou Branco, importantíssimo na campanha do tetra.

Mas deixamos Zagallo para o arremate. Para falar sobre Roberto Carlos. Afinal, foi sob o comando de Zagallo que Roberto Carlos se tornou titular absoluto da lateral esquerda da seleção brasileira. Zagallo assumiu o comando do time nacional após a conquista do tetra, no final de 1994, e seguiu até 1998, quando o Brasil foi vice-campeão mundial. Roberto Carlos seguiu como titular do time por mais duas Copas do Mundo, sendo campeão em 2002, sob o comando de Luiz Felipe Scolari, e atuando até 2006.

Com a experiência de quem já viu de tudo nos gramados, Zagallo destaca a importância de Roberto Carlos para o futebol. "Ele é um cara fantástico, que coloca o astral lá em cima, e sem dúvida o melhor lateral-esquerdo que surgiu no Brasil nos últimos anos."

Com sua experiência de mais de meio século a serviço do futebol é possível dizer que Roberto Carlos é um dos melhores laterais da história?
Para mim, o Roberto Carlos foi o melhor lateral-esquerdo da história mais recente do nosso futebol. Se você considerar os últimos dez anos, ele foi sem dúvida o melhor. Trata-se de um jogador de muito boa técnica, bom chute e capaz de decidir uma partida pelo seu potencial com a bola parada.

Quando o senhor foi coordenador da seleção brasileira pela primeira vez em parceria com o técnico Carlos Alberto Parreira, entre 1991 e 1994, Roberto Carlos chegou a atuar em alguns jogos. Por que ele não foi convocado para jogar a Copa do Mundo de 1994 nos Estados Unidos?
Naquela época, o futebol brasileiro contava com excelentes laterais-esquerdos. Roberto Carlos era uma ótima opção, tinha feito excelentes campeonatos jogando pelo Palmeiras, mas havia outros jogadores em boa fase também. Optamos por chamar o Leonardo e o Branco. Seleção brasileira é assim mesmo, é tudo uma questão de momento. E o Roberto Carlos soube esperar a vez dele.

O senhor acabou sendo o responsável por efetivar Roberto Carlos como o lateral titular da seleção brasileira, levando-o inclusive para disputar os Jogos Olímpicos de Atlanta, em 1996. Qual era a importância dele no grupo?
Roberto Carlos é um rapaz excelente. É um cara fantástico mesmo. Como a gente diz no meio do futebol, é um jogador de grupo. Sabe como se integrar com os companheiros e joga sempre pelo time. Está sempre de bom humor, brinca com todo mundo e joga o astral da equipe lá para cima.

Roberto Carlos ganhou muito dinheiro com o futebol. Passou 11 anos no Real Madrid, jogou na Turquia, conquistou vários títulos e sempre se orgulhou disso. O senhor concorda com aqueles que dizem que o Roberto Carlos é "mascarado"?
De jeito nenhum. Cada um age da maneira que lhe convém. Falavam muito que ele andava com relógio de ouro, que gostava de ostentar as coisas... Ninguém tem nada a ver com isso. Tudo o que ele ganhou foi fruto do seu trabalho, sua dedicação e seu talento. E ele sempre agiu como deveria agir.

Como o senhor avalia o desempenho do Roberto Carlos na Copa do Mundo de 1998 disputada na França?
Na minha opinião, ele jogou muito bem. O grande problema que tivemos e que nos impediu de ganhar aquela Copa foi a convulsão do Ronaldo horas antes da final contra a França. Aquilo provocou uma apatia geral no time. O Roberto Carlos ainda era companheiro de quarto do Ronaldo, sem dúvida aquilo afetou não só a ele como todo o grupo. Outro problema que atingiu o nosso time foi o fato de termos vivido todas as emoções no jogo anterior, quando derrotamos a Holanda nos pênaltis. Ali o time ficou esgotado emocionalmente.

Por que naquele jogo contra a Holanda o senhor não escalou o Roberto Carlos para bater um dos pênaltis?
Apesar de o Roberto Carlos ter um chute potente, especialmente nas cobranças de falta, eu escolhi os jogadores que apresentaram o melhor desempenho nos treinos. A especialidade do Roberto Carlos são os chutes fora da área, nem tanto os pênaltis [Ronaldo, Emerson, Rivaldo e Dunga foram os jogadores que fizeram as cobranças e marcaram os gols para o Brasil na decisão por pênaltis contra a Holanda. Denílson cobraria o quinto pênalti, mas não foi necessário].

Qual foi a importância do Roberto Carlos na conquista do pentacampeonato mundial em 2002?
Como bom jogador que é, sem dúvida foi muito importante tanto no apoio ao ataque como na marcação. Para chegar a defender o

Brasil em uma Copa do Mundo tem que ter um ótimo rendimento. Não posso dizer com detalhes como foi a participação dele porque não acompanhei de perto os trabalhos do time do Luiz Felipe Scolari, mas ele teve um bom desempenho como os demais atletas. Roberto Carlos é um grande lateral-esquerdo.

Já na Copa do Mundo de 2006 o senhor e o Parreira estavam de volta ao comando da equipe. O Brasil foi eliminado pela França mais uma vez. O Roberto Carlos teve culpa naquela derrota?
Muita gente achou que ele foi culpado por não ter ido na bola no lance do gol da França. Mas eu não culpo ninguém. Até o Dida poderia ter saído naquela bola, que foi cruzada quase na pequena área.

O Roberto Carlos disse que a jogada combinada nos treinos era de ele ficar na entrada da área aguardando o rebote. É isso mesmo?
O Roberto Carlos é um jogador muito baixo para ficar marcando o Henry. O nosso goleiro poderia ter se antecipado. A zaga também falhou. Enfim, não adianta colocar um culpado, a verdade é que a França foi melhor naquele jogo e ganhou com méritos. O problema é que muita gente não gostava dele e aproveitou aquela derrota para criticá-lo, falar que ele ficou arrumando a meia, essas coisas. Nada disso tem a ver.

Depois daquele jogo o Roberto Carlos nunca mais foi convocado. E, desde então, o técnico Dunga, que assumiu o comando da seleção brasileira, procura um substituto à altura dele. Por que é tão difícil substituí-lo?
Acho que é uma fase que o futebol brasileiro está passando, de carência de jogadores excelentes para esta posição. Teve uma época em que era difícil encontrar um goleiro para a seleção brasileira [Zagallo viveu este drama em 1970, quando testou vários arqueiros e, por falta de opção, acabou levando Félix para o Mundial do México]. Agora está difícil encontrar um bom lateral-esquerdo. Quem foi testado não convenceu totalmente. Mas não acho que o Roberto Carlos deva voltar à seleção para disputar a Copa do Mundo de 2010. É hora de buscar outros jogadores para a posição.

Zagallo, para encerrar este livro sobre os 11 melhores laterais do futebol brasileiro, queria saber o que achou desta "seleção"? Ficou faltando alguém?
Sem dúvida são os melhores laterais que o Brasil já teve, cada um à sua época. O Nilton Santos jogou comigo no Botafogo, e também jogamos contra quando eu atuava pelo Flamengo. Era mesmo uma enciclopédia, jogava muito. Djalma Santos foi bicampeão do mundo, um lateral fantástico. Carlos Alberto foi meu jogador, assim como o Nelinho. Além de bons marcadores, chutavam muito bem a gol. Wladimir e Júnior eu nunca treinei, mas foram importantes também. O Leandro jogava demais. Fui técnico dele no Flamengo e certa vez o tirei da lateral para jogar como zagueiro. Ele gostou tanto que me pediu para continuar na zaga, já que tinha aquele problema das pernas arqueadas. O Branco foi um jogador de muito brio e com um chute muito forte, fez aquele gol contra a Holanda que foi fundamental para a conquista do tetra em 1994. Leonardo era um jogador muito inteligente, atuou como lateral em uma Copa e no meio de campo na outra. Cafu e Roberto Carlos foram os melhores da mais recente geração. É um grupo excelente. A história dos laterais está muito bem representada por esse time.

Zagallo e Roberto Carlos: admiração mútua.

Paulo Moreira/Agência O Globo

Bibliografia

ASSAF, Roberto; MARTINS, Clóvis. *Almanaque do Flamengo*. São Paulo: Abril, 2001.

AUGUSTO, Sérgio. *Botafogo*: entre o céu e o inferno. Rio de Janeiro: Ediouro, 2004.

CASTRO, Ruy. *Estrela solitária*: um brasileiro chamado Garrincha. São Paulo: Companhia das Letras, 1995.

DUARTE, Orlando. *Todas as copas do mundo*. São Paulo: Makron Books, 1994.

GALEANO, Eduardo. *Futebol ao sol e à sombra*. Porto Alegre: L&PM, 1995.

GALUPPO, Ricardo. *Atlético Mineiro*: raça e amor. Rio de Janeiro: Ediouro, 2005.

GOUSSINSKY, Eugênio; ASSUMPÇÃO, João Carlos. *Deuses da bola*. São Paulo: DBA, 1998.

GUILHERME, Paulo. *Goleiros*: heróis e anti-heróis da camisa 1. São Paulo: Alameda, 2006.

LANCELLOTTI, Silvio. *Almanaque da Copa do Mundo*. Porto Alegre: L&PM, 1998.

MOTTA, Nelson. *Fluminense*: a breve e gloriosa história de uma máquina de jogar bola. Rio de Janeiro: Ediouro, 2004.

NAPOLEÃO, Antonio Carlos; ASSAF, Roberto. *Seleção brasileira – 90 anos*, 1914-2004. Rio de Janeiro: Mauad, 2004.

NORIEGA, Maurício. *Os 11 maiores técnicos do futebol brasileiro*. São Paulo: Contexto, 2009.

SANDER, Roberto. *Os dez mais do Flamengo*. Rio de Janeiro: Maquinária, 2008.

SANTANA, Jorge. *Páginas heróicas*. São Paulo: DBA, 2003.

SANTOS, Nilton. *Minha bola, minha vida*. Rio de Janeiro: Gryphus, 2000.

SOTER, Ivan. *Enciclopédia da seleção*: as seleções brasileiras de futebol – 1914-1994. Rio de Janeiro: Opera Nostra, 1995.

STORTI, Valmir; FONTENELLE, André. *A história do Campeonato Paulista*: 1902-1996. São Paulo: Publifolha, 1997.

UNZELTE, Celso. *Almanaque do Timão*. São Paulo: Abril, 2000.

_____. *Os dez mais do Corinthians*. Rio de Janeiro: Maquinária, 2008.

ZICO. *Zico conta sua história*. São Paulo: FTD, 1996.

Internet

Fifa (www.fifa.com).

Fundação Cafu (www.fundacaocafu.org.br).

Fundação Gol de Letra (www.goldeletra.org.br).

Leonardo – Site oficial (www.leonardoweb.com.br).

Museu dos Esportes (www.museudosesportes.com.br).

Nilton Santos – Site oficial (www.niltonsantos.com.br).

Leandro – Site oficial (www.pousadadoleandro.com.br).
Pelé Net (www.pele.net).
Roberto Carlos – Site oficial (www.robertocarlos.com.br).
Site do Junior (www.sitedojunior.com.br).
The Rec. Sport Soccer Statistics Foundation (www.rsssf.com).
Zico na Rede (www.ziconarede.com.br).

O autor

Paulo Guilherme nasceu em São Paulo, no dia 10 de abril de 1970. É jornalista formado pela Escola de Comunicações e Artes da Universidade de São Paulo (ECA-USP). Começou a carreira no *Jornal da Tarde*, trabalhou também em *O Estado de S. Paulo* e no portal PSN.com.

Foi colaborador da revista *Placar* e da agência de notícias Reuters. Participou da cobertura de grandes eventos esportivos como as Copas do Mundo de 1994 e 1998, as Copas América de 1995 e 1997, a Eurocopa de 1996 e a Copa das Confederações de 1999, além de torneios de vôlei, basquete, tênis e corridas de Fórmula 1 no Brasil.

É editor do G1, o portal de notícias da Globo, desde a criação do site, em 2006.

OS 11 MAIORES CAMISAS 10 DE TODOS OS TEMPOS

Marcelo Barreto

Quem é camisa 10 de verdade? Antes de mais nada, quem não é: grandes armadores como Didi e Gérson começavam sua tarefa lá atrás, não jogavam como Pelé ou Zico. Roberto Dinamite vestia a 10, mas era centroavante. Sócrates e Juninho Pernambucano atuavam um pouco mais atrás do que os autênticos camisas 10, enquanto Jairzinho, Edmundo e até Bebeto, talvez um pouco mais à frente... A conclusão é que camisa 10, por paradoxal que pareça, não é uma camisa, mas uma posição que é a cara do futebol brasileiro.

Neste livro escrito com competência e paixão, Marcelo Barreto ousa listar aqueles que considera os 11 maiores dentre os maiores autênticos camisas 10: ninguém menos que Zizinho, Pelé, Ademir da Guia, Rivellino, Dirceu Lopes, Zico, Raí, Neto, Rivaldo, Ronaldinho Gaúcho e Kaká.

Não concorda? Quem sabe depois de ler o livro você venha a concordar...

GRÁFICA PAYM
Tel. (011) 4392-3344
paym@terra.com.br